Nazywam się Bob Jarosz. Jestem adwokatem śledczym prowadzącym własną kancelarię przy ulicy Chmielnej w Warszawie. Mieszkam w Konstancinie pod Warszawą, skąd pochodzi większość moich klientów. Stosuję tradycyjne metody zgodne z obowiązującym prawem, ale potrzeba chwili wzywa czasami do oryginalności i dużej kreatywności. Moje motto jest jasne i klarowne: broń klienta do upadłego zgodnie z prawem, ale czasami stosuję metody odmienne od tradycyjnych. Przyjechałem do Polski w roku 1930 z Chicago, gdzie się urodziłem i wychowałem. Zrobiłem ten ruch za namową matki, która po wielu latach pobytu w Ameryce zdecydowała się na powrót do ojczyzny po śmierci jej męża a mojego ojca. Moje małżeństwo zakończyło się rozwodem mniej więcej w czasie kiedy straciłem ojca, tak więc motywacja była podwójna, aby zmienić klimat i zacząć nowe życie. Matka zamieszkała w jej rodzinnych górach a ja kupiłem willę w Konstancinie, tym prestiżowym przedmieściu Warszawy, gdzie mieszkała sama śmietanka stolicy Polski. Poznałem stosunkowo szybko moich sąsiadów, co przyczyniło się do spontanicznego i wręcz błyskotliwego rozwoju mojej praktyki prawniczej.

Siedzimy teraz w naszej ulubionej restauracji, w której jadamy lunch i często obiadek z lekkim zakrapianiem. Nie jestem zwolennikiem mocnych trunków, ale jeżeli okazja wzywa, to trzeba, choćby dla smaku, łyknąć kropelkę whiskey czy żubruweczki. Jestem tutaj z Wandą, moją osobistą asystentką. Wanda wygrała konkurs na asystentkę w 1931 roku i od tego momentu pracujemy razem, czasami dzień i noc, a to w mojej willy, albo w mieszkaniu Wandy, jeżeli zapadł ciemny zmrok i niewartko było jechać do Konstancina. Współpraca układa się wręcz wzorowo. Wanda jest wspaniałą kobietą: wyrozumiała, tolerancyjna, pełna dobrej myśli i życzliwości dla drugiego człowieka. Na dodatek jest bardzo atrakcyjną kobietą poniżej trzydziestego roku życia i były to przymioty, które pozwoliły mi podjąć decyzje o zatrudnieniu Wandy w mgnieniu oka.

Jest wrzesień 38 roku, pogoda jest słoneczna, temperatura ciepła i nasze ulubione dania już są na stole. Znajdujemy się w restauracji 'Empire' przy Krakowskim Przedmieściu 7 gdzie wszyscy nas znają, a my znamy ich. Jest jak u babci, tyle że znacznie drożej. Restauracja 'Empire' należy do grona restauracji 'pierwszorzędnych', nieco poniżej restauracji luksusowych, ale jest naprawdę znakomita, szczególnie na lunch. Wanda i ja lubimy ryby, zamówiliśmy więc sandacza po polsku za 3 złote, a jako zupę chłodnik za dwa złote i pięćdziesiąt groszy. Jesteśmy w trakcie posiłku, kiedy podchodzi do nas Lucyna Chmiel. Lucyna jest moją bliską znajomą od ładnych kilku lat, jest także sąsiadką z Konstancina.

"Lucyna, jak miło cię widzieć", zaczynam nasze spotkanie tym tuzinkowym wstępem.

"Bob, Wanda, miłe was spotkać w tym miejscu", kobieta mówi przerywanym, niespokojnym głosem z wyraźną nutą bezradności i zagubienia. Lucyna to pięćdziesięciu kilkuletnia kobieta, o szarej twarzy, która nie oglądała słońca od czasów Rzymu antycznego, z wieloma zmarszczkami na ani pięknej, ani przeciętnej twarzy, ale twarzy z charakterem. Jest ubrana dosyć skromnie, ale skądinąd wiem, że dysponuje dużymi możliwościami finansowymi. Podkreśla swoją niezależność finansową akcesoriami, co było charakterystyczne dla lata trzydziestych po wielkim kryzysie finansowym początku lat trzydziestych. Kobieca torebka jest z definicji czymś praktycznym, ale wiele z nich jest głęboko przemyślanych i wymyślonych. Tak jest z torebką, którą niesie ze sobą Lucyna. Jest to kopertówka z czarno-kremowej wełnianej krepy, ze srebrnymi okuciami i błękitnymi koralikami. Jest tylko zbyt wypchana jak na tej klasy torebkę. Coś boli Lucynę i nie próbuje tego nawet okryć.

"Dziękuję Bob, ale muszę lecieć. Mam spotkanie z Jakubem w jego firmie", szybko, na odczepkę odpowiada moja dobra znajoma.

"Jak tam w Prudenszjalu, ciągle zagarniają

krocie?", pytam, aby ja wciągnąć do rozmowy, ale bez sukcesu.

"Tak, tak, wszystko dobrze. No biegnę, nie chcę się spóźnić. Pa, do zobaczenia". Lucyna, szybkim krokiem, oddala się od naszego stolika, nie oglądając się za siebie. Krok ma nerwowy, bojaźliwy, ale z odrobiną optymizmu rozpoznawalnym po ruchach jej ramion. Wanda popatrzyła mi w twarz ze zdziwieniem i zapytaniem:

"Nie wiem Wanda, co się dzieje. Nie widziałem jej tak zdenerwowanej od dłuższego czasu, może nawet nigdy przedtem", udzielam słabej odpowiedzi Wandzie.

"Czuję, że coś wkrótce spadnie nam na głowę i dowiemy się, o co chodzi", dodaje Wanda przytulnym, ale badawczym głosem.

„Masz na myśli sytuację międzynarodową?", pytam Wandę.

„Nie, pewnie nie, choć ten Adolf wydaje się groźny i wręcz szaleńczy. Mówię o naszym fachu", kończy Wanda z błyskiem lekkiej grozy w jej dużych i mądrych oczach.

"Pewnie tak będzie. Masz dobrego nosa w tych sprawach i bardzo uroczego też". Małe uśmiechy pojawiają się na naszych twarzach i wracamy do naszego lunchu. Sandacz na zimno to już nie ta sama ryba.

„Czas na nas, czeka na nas robota. Mamy sprawę tego Bykowskiego do głębokiego

rozważenia. Chodźmy", rozkazuję delikatnie a Wanda, podnosząc się z krzesła, odpowiada: „Tak jest szefie, robota to zając, może uciec". Lucyna Chmiel zbliża się do wspaniałego budynku brytyjskiej firmy ubezpieczeniowej i asekuracyjnej 'Prudential House'. Budynek ten jest symbolem nowoczesnej Warszawy. Powstał wśród nowej zabudowy przy placu Napoleona. Na czwartym piętrze budynku znajdują się biura prezesa i wice prezesa towarzystwa ubezpieczeniowego. Wice-prezes dyktuje list swojej podwładnej Licie Braun von Hohenstein, która ze względu na przedwczesną śmierć prezesa Rogalskiego, jest w niemalże równej pozycji z Hubertem Jarockim.
"Poprosiłem o wszystkie zestawy druków rachunkowych naszego najskrupulatniejszego buchaltera w firmie tak, abyś była całkowicie usatysfakcjonowana Lita. Zrobiłem to osobiście, aby uniknąć, jakichkolwiek nieporozumień. Wyznaczyłem pana, o jakże on się nazywa...o to nie ważne, ktokolwiek to jest, jak powiadał mój zmarły szef Rogalski 'Jeżeli wysyłasz prima drużynę, ze wszystkimi końmi w pomocy...'", zaplątał się nieco w jego pamięci, ale kontynuuje: " Wiesz znakomicie Lita, co on ciągle powtarzał. Sądzę, że się domyślasz, dlaczego wybrałem właśnie ciebie na zanotowanie moich uwag, a nie zwykłą sekretarkę? Lita siedzi nieporuszona i nie

reaguje na pytanie Jarockiego.
Wice-prezes Hubert Jarocki jest obślizgłym mężczyzną około pięćdziesięciu pięciu lat. Nosi krótko ostrzyżone włosy pokazujące dwa zakola powiększającej się łysiny. Ma prosty nos niczym wiedźma na miotle i przekręconą twarz w grymasie kilkutygodniowej obstrukcji bez nadziei na kompromis i finałową ulgę. W czasie kiedy dyktował tekst Licie, uprawiał swój ulubiony sport, czyli minigolf, na dywanie jego biura. Ubrany jest w wysokiej klasy jasną kamizelkę od garnituru, białą koszulę i pasujący kolorystycznie krawat. Ciepły wrzesień pozwolił mu na to małe rozbieranie w miejscu pracy. Marynarkę Jarocki powiesił na oparciu fotela, na którym siedzi Lita. Jest to pierwszej klasy fotel biurowy z najwyższej jakości naturalnej skóry. Zrobił to celowo. Po odłożeniu kija golfowego do szafy z dokumentami Hubert podchodzi do fotela i delikatnie, ale także perwersyjnie wyciąga marynarkę zza pleców Lity, nachylając się nad nią niebezpiecznie blisko. Obwąchuje ją jak bezdomny pies. Czuje jej aromat, zapach jej skóry i cień perfum na jej włosach. Zatrzymuje się na chwilę oszołomiony bukietem zapachów unoszących się od Lity. Młoda kobieta jest nieco upokorzona. Nie chce, aby ten starszy pan był niej tak blisko. Dotychczas nic nie mówiła, notując słowa Jarockiego, ale wydaje się, że może wkrótce powiedzieć coś przykrego dla

ucha Huberta, ale nic takiego się nie dzieje: zachowuje spokój i profesjonalizm.
Lita Braun von Hohenstein to wysokiej klasy, dziewczyna o nieprzeciętnej urodzie. Nosi krótko obcięte włosy, prosto zaczesane do przodu, zakrywające jej czoło i uszy. Jest bliska naturalnej blondynki z lekkimi cieniami koloru kasztanowego wijącymi się z góry na dół jej urokliwej główki. Ubrana jest w dwuczęściowy garnitur, oryginalnej mieszanki wzorów orientalnych i geometrycznych. Szyję zdobi pojedynczy sznur naturalnych pereł. Jest wysoka tak jak większość członków jej gdańskiej, niemieckiej rodziny.
Lita wywodzi się z arystokratycznej rodziny zamieszkałej w Gdańsku od dłuższego czasu. Rodzina Hohenstein rezyduje w willi Mackensena, pruskiego feldmarszałka zasłużonego w czasie Wielkiej Wojny. Feldmarszałek mieszkał w tej willi w latach 1901 do 1914. Lita, wraz z rodzicami i dwojgiem braci, wprowadziła się do willi w roku 1920, kiedy formalnie przyjęto statut Gdańska. Często odwiedzanym miejscem rodziny Hohenstein był hotel 'Danziger Hof' a szczególnie znakomita restauracja znajdująca się w tym hotelu. 'Danziger Hof' jest luksusowym i najeleganszym hotelem w Gdańsku. Budynek zaprojektował berliński architekt Karl Gause. Znakiem rozpoznawczym hotelu był pomnik

Wilhelma II znajdującym się przed hotelem. Hotel dysponował kawiarnią, cukiernią i salą bankietową na 400 osób, no i oczywiście wspomnianą już restauracją. Jednym z kelnerów owej restauracji był Marcin Babicz. Dorabiał tam sobie, będąc jednocześnie mechanikiem samochodowym w warsztacie jego ojca. Marcin był bardzo przystojnym dwudziestoletnim chłopakiem z ambicjami na wyjazd do Warszawy i podjęcie studiów medycznych. Lita i Marcin wpadli sobie w oko już od przysłowiowego pierwszego spojrzenia. Marcin dyskretnie zostawił notatkę pod talerzem Lity, w której proponował spotkanie. Lita zareagowała i od tej pory młodzi kochali się do upadłego poza wiedzą rodziców zarówno Marcina, jak i Lity. Ta sytuacja nie mogła trwać wiecznie. Któregoś wieczoru zauważył Litę z Marcinem jej brat i doniósł o tym do rodziców. Lita została pouczona, że jej relacje z polskim robotnikiem muszą się natychmiast zakończyć. Stanowcza reakcja rodziców spotkała się z głębokim oporem Lity. Znalazła w gazecie informacje o otwarciu fili brytyjskiej firmy ubezpieczeniowej 'Prudential House' w Warszawie. Podjęła szybką i niespodziewaną dla jej rodziców decyzję o wyjeździe do stolicy Polski i ubieganie się o pracę. Lita mówiła zarówno po polsku, jak i po niemiecku. Wielu obywateli w Gdańsku było dwujęzycznych ze względu na kontakty

pomiędzy obydwiema grupami narodowymi. Marcin był przeciwny wyjazdowi Lity, ale nie był w stanie jej zatrzymać. Lita nie miała żadnych problemów z otrzymaniem wysokiego stanowiska w 'Prudenszjalu', jak to mówią Warszawiacy. Prezes Rogalski rozpoznał zalety Lity, znajomość języków w tym także angielskiego, znakomite maniery, szyk i błyskotliwą urodę. Lita została jego osobistą sekretarką z wieloma kierowniczymi dyrektywami. Rogalski nie miał perwersyjnych intencji w stosunku do Lity, chciał mieć coś miłego i inteligentnego w jego biurze. Lita wkrótce po uzyskaniu posady napisała list do Marcina, ale ten już nie odpowiedział. Był zajęty nową miłością, która wkrótce spodziewała się potomstwa. Lita była tragicznie zawiedziona i nie mogła dojść do siebie przez kilka tygodni. Powoli jednakże, z upływem czasu, przeszła nad zdradą Marcina do porządku dziennego. Nie brakowała jej adoratorów i wiedziała, że musi to wykorzystać. Jest przecież piękna i inteligenta, czegóż można więcej wymagać, tak przekonywała samą siebie z odrobiną smutku w oczach i głosie.
"Kto wiezie nasze wyliczenia do Gdańska?, pyta Jarocki, przyglądając się uważnie plecom Lity. Ślinka toczy się z jego warg i kilka kropel potu sączy się za jego prawego ucha. Jarocki wyobraził sobie przez moment Litę w jego łóżku

naguśką tak jak ją bozia stworzyła. Zamąciło mu w głowie, niemalże potknął się na własnych myślach ten stary alfons, zdrajca jego rodziny i podstawowych reguł ludzkiej moralności.
Jarocki kończy myśl: "Powinny tam być przed końcem weekendu".
"Jakub Chmiel, jak sądzę", odpowiada Lita, siedząc spokojnie i czując, co Jarockiemu chodzi po głowie. Czuje się upokorzona, ale i zadowolona, że ten obleśny facet, ale jednak facet, pożąda ją tak natarczywie.
"Kto taki?", pyta Jarocki.
Lita wstaje z fotela i odwraca się w stronę mężczyzny.
"Och, wie pan kto. Ten księgowy, którego zażywna, błaha żona była faktycznym szefem pana partnera, prezesa Rogalskiego", wyjaśniła Lita drwiącym głosem, po którym natychmiast można rozpoznać jej niechęć, a nawet wrogość do Lucyny Chmiel, jej byłej szefowej.
"W księgowości?", pyta Jarocki, sięgając po kij golfowy znajdujący się na drugim fotelu, tuż obok niego, w zasięgu jego lewej dłoni.
"Tak. Jakub Chmiel jest z nami od czterech lat", dodaje Lita. Czuje się w tej chwili bezpieczna, ponieważ stoi naprzeciw Jarockiego, patrzy mu prosto w oczy, nie może nastąpić atak zza jej pleców, kontroluje sytuację, to jest to, co lubi najbardziej — kontrolować męską populację i hamować ich zwierzęce zachowania na

poziomie robaczków świętojańskich. Nie godne ludzkiej rasy, niegodne jej narodu, narodu aryjskiego.

"Pan Sadecki, nasz kierownik, powiedział, że Chmiel jest jedynym pracownikiem firmy, który nigdy nie wyprawił się na koszt firmy poza Warszawę", dodała Lita, gwoli dalszych wyjaśniej niekumającemu Jarockiemu.

"No dobrze, już dobrze", odpowiada Jarocki, któremu jest zupełnie obojętne, kto zawiezie wyliczenia do Gdańska. Ponownie patrzy zwierzęco na Litę, robi małe kółeczko wokół fotela zbliżając się do Lity. Kobieta zauważa manewr i cofa się o pół metra, aby mieć Jarockiego w zasięgu ciosu obronnego wyuczonego w jej klasie boksu dla kobiet.

Jarocki dopowiada: "Wiesz Lita, że jesteś teraz główną maszyną tego pociągu, kręć kołami i ruszaj w drogę". Patrzą sobie w oczy. Lita lubi być w pozycji zwycięzcy, zawsze na górze, bez względu czy znajdą się ofiary zmiażdżone przez nią po drodze do sukcesu. Machiavelli byłby z niej dumny, jest wybitną studentką programu Nicoli.

Lita wie, że kontroluje Jarockiego, dlatego też zbliża się nieco do wiceprezesa, mówiąc: "Pana krawat, panie Jarocki, drogi panie prezesie, jest nieco pokrzywiony". Lita poprawia krawat Jarockiego, a ten wydaje się szczęśliwy, z tego małego gestu ze strony Lity nie dostrzegając w nim perwersji i chęci poniżenia go do poziomu jaszczurki na smyczy.

Lita wychodzi z pokoju, ruszając wymowie biodrami. Wzrok Jarockiego siedzi na jej zgrabnym tyłeczku. Lita znika za drzwiami, a prezes mamrocze pod jego wiedźmiarskim nosem.

"Chmiel, kto to jest ten Chmiel?". Jarocki nie ma pojęcia, o kim mówiła Lita, ale to przecież nie ma znaczenia. Myśli tylko o uroczej główce Lity, która była tak blisko jego lisich ust. Nie wykradł jednakże tej owieczki ze stada. Ma nadzieję na znacznie więcej i to w krótkim czasie. Nadzieję ma prawo każdy mieć, nawet ten pytonowy charakter.

Lita, otwierając drzwi, mamrocze pod nosem po niemiecku: „Du polnisches Schwein".

Ludwik Sadecki krzyczy poprzez intercom:"Chmiel, Chmiel." Wkłada dokumenty do obszernej, skórzanej, brązowej teczki z mocnym metalowym zamkiem. Sadecki zajmuje stanowisko, które można by określić, jako kierownicze. Ludwik jest około pięćdziesiątki, krótko ostrzyżone włosy, mocna twarz, ale z poczuciem gorzkości i zawiedzenia w jego oczach. Jego życie także nie przebiega zgodnie z planem i marzeniami. Został przyjęty do pracy w "Prudential House" zaraz po otwarciu firmy w roku 1934. Porzucił stare miejsce pracy, które nie dawało mu satysfakcji ani finansowej, ani zawodowej. Jego żona była kobietą wymagającą pełnego uznania i dyktatu. Jedną z tych kobiet co nie może myśleć o sobie inaczej niż ta najmądrzejsza na świecie, a Ludwik musi to uznać i całkowicie się podporządkować. Ogromne nieszczęście spadło na głowę żony Ludwika -- została sparaliżowana. Córka państwa Sadeckich, Kazimiera, była, wierną kopią jej matki, sprzed czasów wypadku. Traktowała ojca jak zbędny balast z małym wyjątkiem, jego pensji przynoszonej do domu i składanej na ręce matki do dysponowania każdego miesiąca. Sadecki nie był palaczem ani też ulubieńcem alkoholu dlatego też jego niewielkie kieszonkowe, jakie otrzymywał od żony, musiało mu wystarczyć na cały miesiąc. Chował przed żoną nędzne grosiki, jakie otrzymywał za dodatkowe konferencje służbowe. Kazimiera potrafiła znaleźć te małe grosze i podkraść na swoje potrzeby. Ludwik, nie był też kobieciarzem, choć od czasu do czasu spojrzał płochliwym wzrokiem na zgrabne nóżki Lity czy innych kobiet pracujących w jego biurze. W pracy odbijał sobie domowe poniżanie gromkim głosem wzywającym jego podwładnych do akcji. Tak było i tym razem, kiedy wezwał Chmiela przez intercom. Nie było odpowiedzi od Jakuba, co zezłościło Sadeckiego do nieznanych, nawet jemu, ludzkiej podłości. Raz jeszcze woła Chmiela, tym razem po imieniu:"Jakub, Jakub".

W swoim gabinecie buchalter Jakub nagrywa na dyktafon jego biurowy majątek. Mocnym głosem wylicza: "Biały papier, trzy ryzy; żółty, dwie ryzy; księgi rachunkowe, siedem egzemplarzy i co jeszcze, popatrzmy tutaj...",

Jakub wędruje od szafy do jego biurka, robiąc tę wyliczankę. Otwiera szufladę w biurku i kontynuuje:" Mam pełne pudełko czarnych ołówków, cztery wkłady do piór i trzy dodatkowe wkłady, siedem znaczków pocztowych na pocztę lotniczą i pełną rolkę normalnych znaczków". Chmiel pochyla się nieco niżej i otwiera drzwiczki biurka. W tym momencie wchodzi do jego gabinetu, bez pukania, Marcin Wlazło, kolega biurowy Jakuba i wielu dam tam pracujących. Marcin jest klasycznym bawidamkiem i uwodzicielem niewieścich serc. Mało około trzydziestu pięciu lat, perfekcyjnie ostrzyżone ciemne włosy, nieskazitelny garnitur i delikatny zapach wysokiej klasy perfum. Robi teraz za lowelasa w tej brytyjskiej firmie. Marcin też ma za sobą rozczarowania w świecie męsko-damskim stąd jego grubaśny atut w relacjach z kobietami. Wie, że się podoba, to może robić, co chce, aby tylko je przyciągnąć do łóżka. I tylko o to mu chodzi, jeszcze jedna ofiara w jego objęciach. Nie ma wielu uczuć, jest mechanikiem miłości i wszystko, co potrafi to tylko ponowne uruchamianie zawodzących silników damskiego ciała. Chce jej wystartować i to daje mu satysfakcję do dalszego życia w jego prymitywnym świecie. Jakub nie zauważa intruza. Marcin przygląda mu się z niedowierzaniem graniczącym z uwielbieniem.

'Taki skrupulatny ten buchalter Chmiel', pomyślał urzędnik Wlazło, 'i po co mu to, to jakieś szaleństwo tego starszego pana', tłoczą się myśli do małego mózgu Marcina.
„Jakub, chłopie, na miłość boską..."

Marcin nie kończy, ponieważ Jakub gra rolę zapracowanego do upadłego księgowego robiącego inwentaryzację jego biurowych posiadłości.
„Moja butelka koniaku jest na poziomie litery 'K'". Jakub uważnie patrzy na etykietę butelki, ignorując obecność Marcina. Trzyma w lewej ręce dyktafon wchodzący mu niemalże do przełyku. Poza jest dalece sztuczna, ale Marcin tego nie widzi.
W momencie, kiedy Chmiel wkłada butelkę z powrotem do bocznej szuflady jego biurka, gwałtownie otwierają się drzwi i do gabinetu wpada niczym burzowy wiatr kierownik Sadecki. Wysokim głosem krzyczy na Jakuba:"Chmiel, dlaczego, do cholery nie odpowiadasz na mój intercom?" Do akcji wkracza Marcin, który wyciszonym i tajemniczym głosem donosi Sadeckiemu:" Cisza sza, kierowniku, Chmiel liczy spinacze do papieru. I pozwól mi cię ostrzec, panie kierowniku, że jeżeli tylko jeden ze spinaczy będzie nie na swoim miejscu, po powrocie Chmiela z Gdańska, to..."
"Dobrze już, dobrze Marcin", przerywa dowcip Marcina kierownik Sadecki. Jakub odwraca głowę w stronę kierownika, który mu wyjaśnia.
"Nie będziesz tego potrzebował". Sadecki unosi nieco do góry dyplomatkę Jakuba i próbuje ją otworzyć. Jakub natychmiast reaguje i odbiera dyplomatkę z rąk kierownika. Sadecki dopowiada:"

Mam dla ciebie teczkę z wszystkimi dokumentami, jakie są ci niezbędne". Panowie stoją twarzą w twarz.
"Tak panie kierowniku. Właśnie tego się spodziewałem", melancholijnym głosem odpowiada Chmiel i szybko dodaje:"Zabieram ze sobą trochę własnej roboty, panie kierowniku". Jakub odbiera dyplomatkę z rąk kierownika i przesuwa ją na drugą stronę biurka. Sadecki przesuwa się ponownie bliżej Jakuba:"Jeżeli będziesz miał nadwagę w samolocie to...". Jakub przerywa Ludwikowi:"Nie panie szefie, nie lecę samolotem, wybrałem pociąg". Stwierdza Jakub, nie oczekując żadnej poważnej riposty ze strony kierownika.
"Dobrze więc Chmiel. Jest jeszcze dokument z dokładną dla ciebie instrukcją przygotowaną przez wiceprezesa Jarockiego. W tej chwili przepisują go na maszynie. Powiem Licie, aby...". Jakub przerywa informując Sadeckiego:"Już podjąłem odpowiednie kroki i jestem umówiony z panią von Hohenstein na odbiór tych instrukcji." Do rozmowy włącza się, cicho stojący niedaleko drzwi, Marcin z jego błyskotliwymi obserwacjami:"Panie kierowniku, nie sądzi pan chyba, że mój stary przyjaciel pozwoliłby na jakiekolwiek uchybienia związane z jego wyprawą. Wszystko jest zamknięte na ostatni guzik. Dokładnie wie, ile gumek znajduje się w górnej, lewej szufladzie biurka. To mój Jakub jest nie do załamania. Czysta woda księgowości, prostolinijny i uczciwy do utraty tchu.Tego wymaga nasza ojczyzna w tych trudnych czasu wojennego niepokoju". Kierownik ma dosyć niewybrednych uwag Marcina i stanowczo odpowiada:"Marcin, zamknij buzię na

kłótkę." Kierownik odwraca twarz w stronę Jakuba i poufale kladzie rękę na jego prawym ramieniu.
"Jakub, chcemy, abyś dobrze się zabawił w czasie tej podróży. Zapomnij o robocie. Zamieszkaj w najbardziej luksusowym hotelu w Gdańsku. Pani von Hohenstein poleca jej ulubiony hotel, wiesz który, prawda?".
"Tak, panie kierowniku, rozmawiałem z nią na ten temat".
"No i bardzo dobrze. Wybierz restaurację, gdzie serwują najsmaczniejsze schabowe, wszystko to za pieniądze firmy, pamiętaj Chmiel, wszystko za pieniądze firmy. Nie przejmuj się rachunkami. Nasza firma wszystko pokryje. Jesteś wzorowym pracownikiem, to na to zasługujesz. I kiedy te błyszczące światełka zabłysną w nocy, powiedz barmanowi...". Jakub raz jeszcze przerywa kierownikowi. Ten niemalże sześćdziesięcioletni, korpulentny mężczyzna, o mniej niż przeciętnej urodzie, ma coś innego w głowie. Coś dla niego niezwykle ważnego, coś, co nigdy nie zdarzyło się w jego potocznym, bezbarwnym życiu.
"Wolałbym zamieszkać w jakimś tanim motelu, panie kierowniku". Cichym głosem odpowiada na sugestie Sadeckiego księgowy Chmiel. Marcin przysłuchujący się tej rozmowie wybucha śmiechem bezradności. Drapie się za uchem, nie mogąc uwierzyć w stanowisko Chmiela, o odrzuceniu luksusów w czasie jego wyprawy do Gdańska.
"Jeżeli tak to życzę ci powodzenia w twojej wyprawie", Sadecki podaje Jakubowi rękę w uścisku rozpaczy i odchodzi w stronę drzwi, tuż za Marcinem, z drwiącym uśmieszkiem na ustach.

Jakub mocniejszym głosem zapewnia kierownika:"Będę z powrotem przy moim biurku w poniedziałek rano. Nikt nawet nie zauważy mojej nieobecności, przecież to weekend, nikogo tu nie ma, prawda, panie kierowniku?".
Sadecki już nie odpowiada, nie wierząc własnym uszom. 'Jak ktoś taki jak Chmiel może funkcjonować w dzisiejszym świecie', pyta siebie kierownik, opuszczając biuro księgowego Chmiela. Po chwili zmienia zdanie i spokojnym głosem mówi:"Dziękuję Chmiel. Dziękuję."
Chmiel wie, że odegrał swoją rolę wzorowo, to teraz może przystąpić do realizacji jego planu. Już z poważną miną, wyrazem twarzy zamachowca, zamyka drzwi do jego gabinetu na klucz. Aktówka leży na krześle tuż przy drzwiach. Jakub podchodzi do leżącego na biurku dyktafonu i odgrywa inwentaryzację, jaką nagrał przed przybyciem Sadeckiego i Marcina. Dyktafon, jego głosem ponownie wylicza ilość papieru maszynowego, liczbę spinaczy itd. Twarz Chmiela jest surowa, ale pełna nadziei. Wreszcie coś mu się w życiu udało. Wspaniały przekręt, którego nikt nie będzie w stanie wykryć przez stulecia. Jest z siebie dumny i lekceważący dla innych i ich możliwości wykrycia jego sprzeniewierzenia. Chmiel podchodzi do szafy, gdzie z górnej półki podnosi brązową, dużego rozmiary kopertę i kładzie ją na biurku. Następnie obchodzi biurko na około i wyciąga tej samej wielkości kopertę z szuflady i kładzie ją tuż obok pierwszej. Jest jeszcze jedna koperta na dole szafki biurowej i ta koperta znajduje się teraz obok dwóch pozostałych. Jakub z twarzą milionera otwiera

koperty, jedna po drugiej. W kopertach znajdują się stu złotowe banknoty. Chmiel przenosi aktówkę z krzesła na biurko i wypełnia ją banknotami jego przyszłego szczęścia, tego, na co czekał przez całe jego marne życie.

Marcin w sali ogólnej biura, w dalszym ciągu drwi sobie z Jakuba. Powtarza głupkowatym głosem: "Trzy ryzy żółtego papieru, dwie ryzy białego papieru, i mój koniak jest do wysokości literki 'K'. Marcin wskazuje palcem na papierowy kubek do wody, grając rolę Chmiela. "To wszystko prawda dziewczyny, nie do uwierzenia". Marcin zabawia cztery pracownice sekretariatu i jednego kolegę. Wszyscy są w znakomitych humorach, popijając kawę lub wodę. Do dyspensera wody podchodzi Magda, która przysłuchiwała się opowieści Marcina z dystansu, ale teraz jest razem z jego wielbicielkami, uśmiecha się szeroko, nabierając wody do jej kubka.

Z gabinetu wychodzi Lita, która nie lubi wesołków w biurze, a przynajmniej na taką pozuje, ale być może coś innego jej chodzi po głowie. Jej kolejny demoniczny plan, który jeszcze nie doczekał się realizacji i tylko czeka na właściwy moment, aby powiesić kogoś na powrozie. Ta kobieta, pozbawiona jakichkolwiek złudzeń co do życia, szczególnie miłości, działa za namową jej prywatnego lucyfera. Nazywa go pieszczotliwie 'Muniek', mój doradca i opiekun, wmawia to sobie już od kilku ładnych lat. Jak dotychczas 'Muniek' jej nie zawiódł. Najpierw pozbyła się Lucyny z biura i zajęła jej miejsce przy prezesie, a teraz, po śmierci prezesa, pełni jego funkcję i rządzi wszystkimi. Jest w swoim żywiole. Taka praca to jest jej przeznaczenie. Wyjechała z Gdańska, aby właśnie to osiągnąć, pełną kontrolę nad tym plebsem, jak często nazywa innych pracowników firmy. Kwitnie w oczach, stawiając jej wysoką głowę ponad biurowy tłum. Dodaje jej to jeszcze większego uroku z męskiego punktu widzenia. Jest atrakcyjna, a przez niektórych uważana wręcz za piękność. Schlebia jej to, że jej 'ego' rośnie jeszcze bardziej, czasami nawet ona jest tym przez przerażona, ale tylko przez moment. Przyjmuje wszelkie uwielbienie z poczuciem wyższości i buty typowej dla wielu Niemców, a jest przecież Niemką i to na dodatek z arystokratycznej rodziny. Czuje wielkość nad tymi maluczkimi, mającymi zaszczyt z nią pracować, osobnikami płci obojga. Nie może tego odpuścić, jest słońcem i księżycem i wszystkimi innymi planetami na niebieskim sklepieniu. Po wejściu do sekretariatu surowym i władczym głosem pyta:"Czy nie macie żadnej pracy do zrobienia moje drogie dziewczynki?". Lita podchodzi nieco bliżej do biurka, na którym siedzi Marcin i zwraca się do niego bezpośrednio:"Wiem, że pan nie ma nic do roboty, panie Marcinie". Marcin jest odwrócony plecami do Lity, kiedy reaguje na jej zaczepkę:"Ten świat należy do mężczyzn, pani Hohenstein. Nie akceptuję rozkazów z ust kobiecych karykatur." Lita nie lubi tego tonu i nazwanie jej karykaturą, ale nie reaguje i szybko udaje się do jej gabinetu. Magda patrzy z podziwem na Marcina. Nie spodziewała się u niego męskiej odwagi czy nawet biurowej odwagi. Marcin jej w tym momencie zaimponował. Podnosi kubek z wodę, przechodząc koło niego i tylko przyjaźnie szepcze:"Hey, Hey." Wzniosła toast za szybką i miażdżącą dla Lity odpowiedź biurowego bawidamka.

Jakub zakończył jego przygotowania do fikcyjnej wyprawy do Gdańska. Usłyszał donośny głos Lity i wybiega z gabinetu.

"Czy to była pani Hohenstein?", pyta stojącego blisko jego drzwi Marcina.

"Och, tak, Lita stęskniła się za tobą Jakub, tak, tak, mocno tęskni, śpiesz się, bo zaginie w oparach codzienności." Drwiący ton w głosie Marcina umyka uwadze Jakuba. Jest w jego własnym świecie, nie zwraca na nikogo i na nic uwagi. Jego wielki dzień właśnie się rozpoczął, jest pełen optymizmu i radości życia, niedane mu to było w czasie jego dotychczasowych losów człowieka przegranego i niewidocznego dla nikogo. Był cieniem wśród narodu mijającego go tłumu, ale to się za jeden dzień zmieni, będzie z Litą, kobietą, którą uwielbia jak boginię. Jest dla niego wszystkim, życiem i śmiercią, spełnieniem jego najskrytszych marzeń. Będzie wielki w towarzystwie tej wspaniałej kobiety.

Sekretarka uważnie przygląda się twarzy Jakuba, a twarz jego jest napięta, radośnie zdesperowana i oczekująca. Sekretarka spojrzała także na kpiące usta Marcina i z trudem hamuje konwulsyjny śmiech duszonej makreli. Nie lubi takiego nabijania w butelkę, skądinąd, jej współpracownika, niepozornego Jakuba, buchaltera bez twarzy w tym środowisku wielkiego businessu.

Jakub pogardliwie popatrzył na Marcina i ruszył w stronę drzwi prowadzących do nieba, jego nieba, czyli do biura Lity. Nie puka, tylko dość gwałtownie wchodzi do środka. Na jego twarzy pojawia się uśmiech. Jest to prawie uśmiech czempiona, zwycięzcy, tryumfatora, niemalże laureata nagrody Nobla. Jakub kocha siebie i kocha świat. Nie zaznał tego uczucia nigdy wcześniej w jego pozornym życiu wyklętego i zignorowanego chłopaka i mężczyzny. Nadszedł czas na odebranie nagrody za dotychczasowy zbójecki los, jaki go prześladuje od początku jego pojawienia się na ziemi. Jakub zamyka za sobą drzwi i szybkim wzrokiem przelatuje sekretariat, aby się upewnić, że nikt nie będzie

mu przeszkadzał w czasie tej jakże ważnej rozmowy z jego bóstwem, wcieleniem wszelkich doskonałości, po prostu, świętością. Lita jest zajęta układaniem dokumentów w teczce, jaką ma zabrać ze sobą Jakub. Stoi nad jej biurkiem z surową twarzą. Zabolało ją mocne uderzenia Marcina, ale wie, że za kilka minut to minie i wróci jej atut wielkości. Rozmowę zaczyna Jakub:"Pani Hohenstein?"
"Tak, o co chodzi?", odpowiada Lita, nie podnosząc głowy sponad teczki, w której układa dokumenty w należytym porządku. Podnosi głowę i widząc Jakuba szybko dodaje:" W tej teczce są wszystkie dokumenty, jakie pan potrzebuje na wyjazd do Gdańska, panie Chmiel." Twarz ma w dalszym ciągu surową." Tu są listy do osobistego wręczenia", mówi Lita, wciskając listy w dłoń buchaltera.
"Dziękuję" pośpiesznie odpowiada Jakub. Nachyla się nad biurkiem, aby być bliżej serca Lity i wybucha szeroko otwartymi oczami i miękkim głosem:"Lita".
"Tak, czy coś jeszcze?", służbowo reaguje von Hohenstein.
"Jestem całkowicie spakowany, wszystko jest przygotowane..."entuzjazm Jakuba nie dociera do Lity, która ponownie, bez zainteresowania, odpowiada zimno:"Och, to bardzo dobrze, do zobaczenia więc". Ta lodowata odpowiedź zamroziła serce Jakuba. Jego twarz doznała

szoku małego robaczka złapanego nagle na przynętę dla ryb. Jakub nie rozumie tej reakcji.
"Chciałbym się tylko upewnić, że nie zmieniłaś swoich planów", dopytuje Chmiel odrzucony obojętnością Lity.
"Jakich planów, och Jakub, na ten weekend mam wiele zaplanowanych rzeczy", z uśmiechem na twarzy odpowiada Lita, myśląc, o wspaniale się zapowiadającym weekendzie.
"Powiedziałaś mi, że dość często latasz do Gdańska?" Jakub próbuje otrzymać od Lity pełne wyjaśnienie na temat jej weekendowych planów.
"Zapewniłaś mnie, że polecisz do Gdańska jutro rano, aby wylądować w mieście przed południem?", Jakub staje się coraz bardziej nerwowy, gubi swoją pewność, jaka go obdarzyła niespełna kilka minut temu.
"No, a jeżeli tak powiedziałam, to czy masz mi coś do powiedzenia bardziej interesującego, coś, czego nie chcesz powiedzieć nikomu innemu?", kokietując, pyta Lita zmieniając ton w obliczu zawiedzionej twarzy Jakuba. Podchodzi do niego na wyciągnięcie dłoni, tak aby buchalter poczuł zapach jej perfum w jego chrapiących, niczym młody koń, nozdrzach.
"Tak mam coś do powiedzenia, kilka detali z życia osób pracujących w naszym biurze, ale nie o to mi chodzi", odpowiada wpadający w panikę Chmiel.

"Nie o tym, tak więc o czym?", Lita słodko pyta z uśmieszkiem na jej perfekcyjnych wargach. "Obiecałaś, że przyjedziesz do Gdańska w czasie tego weekendu. Pamiętasz, jak ci opowiadałem o pieniądzach, jakie mam uzyskać niebawem? Jesteś jedyną osobą, jaka może mi udzielić finansowych rad. Chcę Lita, zmienić moje życie, żyć zupełnie inaczej niż dotychczas. Zanim wsiądę do pociągu, to mam zamiar kupić sobie nowy garnitur.", nonszalancko raportuje Jakub bardzo dumny z perspektywy zakupu garnituru. Nieczęsto mu się to w życiu zdarzało, zakup nowego, nowiusieńkiego garnituriku, pachnącego igłą pierwszej klasy krawca. Lita nie zdążyła odpowiedzieć.
Otwierają się drzwi gabinetu i do środka wchodzi Magda, sekretarka. Jest to wysokiej klasy młoda kobieta, o przyciągającym uwagę biuście, delikatnych ramionach i dużej gracji. Jest ubrana w bluzkę bez rękawów z paskiem i bardzo dobrze skrojoną, do jej wspaniałej figury, spódnicę. Magda jest bardziej atrakcyjna niż Lita, ale von Hohenstein to szefowa, dlatego wygląda lepiej w świetle reflektorów.
"Panie Chmiel, pana żona czeka na pana w biurze.", oznajmia Magda ciepłym głosem.
"Moja żona, co na miłość boską ona tu robi?", pyta głośno buchalter.
"Zatrzymała się biurze, ponieważ zapomniał pan spakować swój sweter.", wyjaśnia Magda.

"No dobrze, już dobrze. Dziękuję."
Lita i buchalter przyglądają się Magdzie z niecierpliwieniem. Ich rozmowa jeszcze nie dobiegła końca.
"Powiedziałam jej, że może włożyć sweter do jednej z pana walizek. Pokazałam jej, gdzie się znajdują.", dodała Magda pełna jak najlepszych chęci.
"Już powiedziałem, że wszystko jest w porządku.", odpowiedział ignorujący dopowiedź Chmiel, ale po momencie zorientował się, jakie grozi mu niebezpieczeństwo. Mina mu zrzedła i bez wyjaśnienia sytuacji wybiega z gabinetu Lity. Obydwie panie, wielkimi oczami, podążają za nim, nic nie rozumiejąc.
Lucyna znajduje się w gabinecie męża i próbuje otworzyć aktówkę Jakuba, ale jest to dla niej zbyt skomplikowane. Nie odnosi sukcesu, dlatego też patrzy zdziwiona na to monstrum, które nie chce ją dopuścić do jego wnętrza. Do gabinetu wpada jak burza Jakub, który z wściekłą twarzą wyrywa aktówkę z rąk żony, mówiąc histerycznie:"Lucyna, co ty tu robisz, oddaj mi tę aktówkę. Nie jest mi potrzebny żaden sweter. Co ci przyszło do głowy, kobieto."Jakub, po kilku sekundach, nieco się uspakaja i wyjaśnia żonie:"Wszystko mam, co jest mi potrzebne, rozumiesz?" Stanowczy głos Chmiela budzi Lucynę z chwilowego

odrętwienia. Kobieta grzecznie odpowiada:"Nie chciałam ci przeszkadzać, ale..." Jakub przeryva żonie z drwiącym uśmieszkiem na twarzy i dopowiada:"Pewnie nie pocałowałem cię na dzień dobry, czy tak moja droga, czy o to chodzi, no szybko, powiedz mi, o co chodzi?" Lucyna milczy w ciszy." No już dobrze, oto twój poranny pocałunek." Jakub szybko, bez jednego uczucia, niezgrabnie całuje żonę w policzek. Lucyna jest nieporuszona, ale po sekundzie zabiera głos.

"Jakub, posłuchaj. Na parterze budynku spotkałam Ludwika Sadeckiego.", spokojnym, wymierzonym głosem mówi Lucyna Chmiel. "Powiedział mi, że jest bardzo zaintrygowanym faktem, że nie zabierasz mnie ze sobą do Gdańska. Firma nie nie miałaby żadnych problemów z pokryciem kosztów mojego wyjazdu. "Jakub nie pozwala jej dalej mówić. "Lucyno, pracowałaś w tej firmie tyle lat i ciągle nic nie rozumiesz, ciągle jesteś taka łatwowierna." Jakub jest w dalszym ciągu zdenerwowany. Myśli o obojętnej odpowiedzi Lity, całkowicie niezgodnej z jej obietnicą. Twarz ma głęboko w sobie zanurzoną jak rekin szukający ofiary na dnie oceanu.

"Jakub, wiem, że coś ci leży na wątrobie, i ty to także wiesz. Powiedz, co ci jest?" Lucyna pyta z troską w głosie i wybaczeniem na zapas ewentualnych niedoróbek męża. Ten tragiczny związek między Jakubem a Lucyną jest rezultatem ich tragicznych życiorysów. Życie Lucyny przebiegało zawsze pod górkę. Urodziła się na niewielkiej, mazowieckiej wsi w rodzinie kowala i akuszerki. W rodzinie nie było pieniędzy, bo i cała wieś żyła w nędzy. Kiedy była zgrabną osiemnastolatką, na wsi zjawił się malarz z Warszawy, któremu Lucyna wpadła w oko, lub na pędzel. Zaprosił ją do jego studia malarskiego w Warszawie, gdzie obiecał jej karierę modelki i aktorki. Lucyna nie miała nic do stracenia, marne życie, a właściwie wegetacja na wsi lub życie w stolicy kraju. Podjęła ryzyko, które skończyło się dla niej całkowitą klęską. Malarz po kilku tygodniach znalazł inny obiekt jego afektów, a Lucyna znalazła się na bruku. Poradziła sobie dalej dobrze, ale jej niechęć do mężczyzn siedziała w niej zbyt głęboko, niegotowa do odchwaszczenia. Skończyło studia na Uniwersytecie Warszawskim co pozwoliło jej dostać wysokie stanowisko w Prudenszjalu. Świętej pamięci prezes Rogalski bardzo sobie ją cenił i zrobił z niej jego prawą rękę. Nie było żadnych relacji damsko-męskim pomiędzy Lucyną a prezesem, wyłącznie kontakty zawodowe. Jak rzadko się to spotyka w dzisiejszych czasach? Lucyna dorobiła się dużego majątku i władzy w firmie. Stać ją było na zakup willy w Konstancinie i zaspokojenie wielu innych kobiecych potrzeb, z wyjątkiem miłości.

Lucyna kontynuowała a Jakub słuchał:"Nie zjadłeś dzisiaj rano śniadania i mówiłeś do siebie przez całą noc o jeździe na wodnych nartach." Jakub przerywa Lucynie podniesionym głosem:"Zostaw mnie w spokoju. Wracaj do domu, wracaj do domu, jestem zajęty." W tym momencie otwierają się drzwi gabinetu Jakuba i wślizguje się do środka żmija Lita z zabójczym uśmieszkiem na jej pożądliwych usteczkach. Jakub jest zły a Lucyna wielce zdziwiona jego reakcją na jej proste pytania. Lucyna zauważa Litę i po chwili szybkim krokiem wymyka się z twierdzy Jakuba. Zostawia za sobą Jakuba ze spuszczona głową i Litę z ciekawskimi oczami. Jakub odwraca się w stronę drzwi i widzi Litę. Ta zamyka drzwi i uśmiecha się przyjaźnie do Jakuba. Podchodzi bliżej do swojej ofiary z jeszcze szerszym uśmiechem i zapowiada ciepłym głosikiem:"Jakub, oczywiście, że będę w Gdańsku jutro około południa. Jakub jest ponownie w jego świecie fantazji i magicznej iluzji. Z twarzą lwa odpowiada seksownie jak tylko może a może niewiele:"Dokonałem już wymaganych rezerwacji." Chmiel rzuca wzrok Aleksandra Macedońskiego na twarz Lity, a ta gra swoją rolę do samego końca. Kobieta podchodzi do buchaltera i składa mokry pocałunek na jego policzku. Jakub jest kupiony z całym jego majątkiem za ten jeden judaszowy pocałunek, ale on nic nie wie, nie chce wiedzieć, chce wierzyć w to, w co chce wierzyć. Los człowieka polega na tym, aby w coś wierzyć. W to, co wierzymy, to jest nasz wybór i nikt nie jest w stanie nam tego odebrać, lub przekonać nas o marności naszej wiary. Kto nie jest z nami, jest naszym wrogiem. I tak się świat toczy od zarania dziejów.

Magda i Marcin usiedli przy ostatnim biurku sekretariatu, aby, jak to oni, sobie poplotkować.

"Nigdy nie mogłam tego zrozumieć, Marcin, dlaczego oni się pobrali?", pyta Magda bardziej siebie aniżeli Marcina.

"Nie wiem, może to miłość od pierwszego wejrzenia?, odpowiada bezpłciowo Marcin.

"Ale w ich wieku, nie żartuj".

"A cóż wiek ma wspólnego z miłością, ta nas nigdy nie opuszcza. Tak jest Madziuniu."

"Nie Marcin, to coś innego, coś głębszego niż tuzinkowa miłość, ale co?" Magda testuje jej niewielki, ale uroczy móżdżek wiedząc, że możliwości dedukcyjne Marcina równe są zeru.

"Dziwna sprawa, są małżeństwem od dwóch lat, ale nigdy nie widziałam u nich tego miłosnego zaangażowania, żadnej ciepłoty i bliskości"dodaje Magda.

"Nie ma w tym nic dziwnego kochanie. Przylgnęli do siebie i tyle."

Magda i Marcin przerwali rozmowę, ruszając z powrotem do swoich biurek, ponieważ gabinet

Chmiela opuściła Lita. Lita spojrzała na nich tylko na krótki błysk oka i z tajemniczym uśmiechem otworzyła drzwi jej gabinetu. Odwróciła się, spojrzała na cały sekretariat, po czym zniknęła we wnętrzu.
"A co tej się stało", pyta Magda Marcina.
"Kto wie, mamy jakiś szalony dzień w firmie, ale to piątek, to nie ma czemu się dziwić".
Magda i Marcin usiedli za ich biurkami, próbując coś zrobić dla firmy, ale ich myśli były dalekie od tego miejsca plotek i ludzkich upokorzeń.
Jakub dotarł na dworzec kolejowy zamówioną taksówką. Pociąg relacji Warszawa-Gdańsk, według nowego rozkładu jazdy, ważnego od 15 maja 1938 roku, odjeżdżał z toru drugiego o godzinie 17:25. Buchalter przyjechał na stacje pół godziny przed odjazdem. Pociąg podstawiono zaledwie pięć minut później. Jakub zabrał swoje bagaże, czyli jego aktówkę, teczkę skórzaną z dokumentami od Sadeckiego i jego małą walizkę z osobistymi rzeczami. Walizkę i teczkę umieścił na górnej półce przedziału klasy pierwszej, w którym był jedynym pasażerem. Zamknął starannie drzwi do przedziału i zaciągnął firanki okna. Był w swoim żywiole -liczy banknoty jego przyszłego, wspaniałego życia u boku jego bogini Lity Hohenstein. Każdy banknot, jaki liczy, nosi wizerunek jego bożyszcze, widzi jej twarz wszędzie naokoło

tego luksusowego przedziału polskich kolei. Jakub rozłożył aktówkę na siedzeniu i liczy: "Jeden, dwa, i dodatkowo trzy plus dziesięć tysięcy i jeszcze pięć tysięcy co daje w sumie dwieście jeden tysięcy złotych."Jakub dyktuje tę cyfrę do dyktafonu. Siedzi w fotelu przedziałowym, jakie znajdują się w pierwszej klasie i huśta się jak zadymiony skowronek u szwagra na imieninach. Jest w osiemdziesiątym niebie, choć nie miał czasu, aby kupić nowy garnitur czy choćby marynarkę. Chmiel przyciąga mikrofon bliżej ust i szepcze;"Perfekcyjny szwindel finansowy." Rechocze lubieżnie, a jego twarz nabiera kształtu awokado o mocno zielonym kolorze zbliżonym do zgnilizny śmierci. Nigdy nie czuł się tak dobrze z samym sobą. Wreszcie wydudkał tych ekspertów od finansów w tej światowej firmie o dobrej międzynarodowej reputacji. Patrzy w sufi, tak jakby patrzył na sklepienie niebieskie, na którym pojawi się Jezus i dobrotliwie powie:'Dobra robota Chmiel, jestem z ciebie dumny, stary kmiocie'. Jakub nie może powstrzymać się od dalszego wysławiania jego skromnej osoby;"Wiemy, że Rzym nie powstał w ciągu jednego dnia, ale także Prudenszjalu nie zbudowano tak szybko, ani skarbu Inków tak szybko niezgromadzona. Przejęcie sumy dwustu jeden tysięcy dokonało się rachunek za rachunkiem, dzień po dniu,

miesiąc po miesiącu, rok po roku. Ta finansowa bonanza została wymyślona i perfekcyjnie wykonana przez Jakuba Chmiela. Ci wszyscy milionerzy świata finansów zawsze przechwalali się i chełpili z ich majątków to dlaczego by Chmiel nie miał robić tego samego. Robię to nagranie dla przyszłych pokoleń, aby wiedziały, jak postąpić..." Jakub przerywa nagrywanie i z przerażeniem patrzy na banknoty spadające z nieba na jego kolana, a dokładnie z teczki z dokumentami, jaką otrzymał od Sadeckiego. Buchalter gwałtownie wstaje z miejsca i wkłada ręce do otwartej przypadkowo teczki. Wyciąga z niej kopertę, za kopertą wypełnioną banknotami.
"Co to jest do cholery, skąd te banknoty?", pyta wyciszonym głosem pozbawionym pychy. Jakub zdejmuje teczkę i kładzie ją na siedzeniu przedziału i zaczyna liczyć pieniądze.
"Czterdzieści trzy, czterdzieści cztery, czterdzieści pięć tysięcy złotych. Panie Boże, co to jest, skąd ta forsa w mojej teczce z dokumentami?"
Pociąg gwiżdże przed zbliżającą się stacją. Jakub długo się nie zastanawia, wie, że musi wyjaśnić sprawę tych obcych banknotów w jego teczce. Szybko pakuje dyktafon, pieniądze i dokumenty do teczki od Sadeckiego. Opuszcza przedział i zbliża się do drzwi wagonu. Stoi przy nich konduktor, który ze zdziwieniem pyta:"To

pan tu wysiada, a nie w Gdańsku?".
"Muszę, coś się stało, muszę to wyjaśnić.", bardzo zdenerwowany Jakub szybko odpowiada konduktorowi.
"No tak, rozumiem, życie panie dziejku, życie", mruczy pod nosem konduktor, który niczego nie rozumie, ale próbuje pomóc pasażerowi w jego rozterce.

Zadzwoniła do mnie Lucyna i przestraszonym głosem poprosiła mnie o wizytę w jej domu. Wybieraliśmy się do mojego domu w Konstancinie, ja i Wanda, tak więc złożenie wizyty u Lucyny nie było problemem. Wanda, w międzyczasie, zaangażuje swoje umiejętności kulinarne i przygotuje pyszny obiadek. Wanda ma także talent do pichcenia, jest to jeden z wielu jej lwich pazurów i darów bożych. Potrafi stworzyć coś z niczego. Wspaniała kobieta.

Tymczasem Jakub Chmiel wyskoczył z pociągu na jednej nodze i pośpiesznie szuka telefonu. Niedaleko kasy biletowej zainstalowany był telefon, z którego korzystać mogli pasażerowie za niewielką opłatą. Jakub wcisnął monetę w rękę pani za okienkiem i podniósł słuchawkę. Wykręca numer i czeka krótki moment z mocno bijącym sercem i kompletnym szumem w głowie. Głos Magdy odpowiada na wezwanie:"Słucham?"

Magda przygotowuje się do wyjścia na miasto. Siedzi przed jej lustrem piękności, kończąc lekki makijaż, choć naprawdę go nie potrzebuje. Jest piękna bez makijażu. Najpiękniejsza, taka, jaką Bóg ją stworzył. Kwiecisty ręcznik zakrywa jej biust i plecy. Jest całkowicie rozluźniona, w weekendowym nastroju. Przykłada szminkę do jej powabnych ust.
"Kto jest przy telefonie, kto, nie słyszę, kto taki?", pyta Magda głos w słuchawce.
"Tu Jakub Chmiel, Madziu, czy mnie słyszysz?"
"Ach to pan, panie Chmiel, co się dzieje?", pyta ciekawska Magda. Buchalter mówi szybko, ale wyraźnie intonuje każde słowo:"Magda czy to ty kontrolujesz wpływy gotówkowe do firmy?"
"Sądziłam, że jest pan w pociągu, gdzieś w połowie Polski, a tu ten telefon. Panie Chmiel, niech pan posłucha. Wróciłam do domu bardzo późno i na dodatek mam randkę dziś wieczorem..." Magda wyjaśnia jej sytuację i niechęć do kontynuowania rozmowy, nie jest zainteresowana udzieleniem odpowiedzi na proste pytanie Jakuba. Jakub z kolei nie zwraca uwagi na wyjaśnienia Magdy i pyta dalej:"Magda, czy otrzymaliśmy dzisiaj jakieś pieniądze w biurze. Czy wpłynęła jakaś gotówka?"
"Gotówka", myśli przez moment Magda. "Dostaliśmy jedną ratę za udzieloną pożyczkę."
"Że co, mam na myśli ile. Jaka to była suma?",

gorliwie pyta Jakub, a pot spływa mu po pomarszczonym czole.
"Czterdzieści pięć tysięcy, ale pan przecież o tym wie."
"Ja, ja wiem o tym, co ty mówisz, Magda".
"Panie księgowy, muszę panu powiedzieć, że nie zwracałam na ten fakt nawet jotki uwagi. Po tym, jak zobaczyłam pana inicjały na kwicie i podpisany kwit depozycyjny to natychmiast zabezpieczyłam pieniądze w sejfie, aby je wpłacić do banku w poniedziałek rano. Niech sobie przypomnę...może były jakieś inne małe ..." Magda słyszy klik odkładanej słuchawki. "Panie Chmiel, panie Chmiel?". Zdziwiona odkłada telefon i patrzy w lustro z grymasem ogłupienia. "To było niegrzeczne, panie buchalterze, bardzo niegrzeczne." Kobieta wraca do jej rutynowego robienia się jeszcze piękniejszą, jest to jednakże zbyteczny wysiłek, natura stworzyła cud pierwszej klasy.
Jakub już nie słucha Magdy, ktoś podrobił jego inicjały, ktoś go w coś wrabia. Twarz mu skwaśniała i przerażenie wycisnęło się na jego buchalteryjnym obliczu. Musi to wyjaśnić, czasu jest niewiele. Nie zważając na koszty, zamawia taksówkę do Konstancina. Podróż trwa w nieskończoność. Przez cały czas powrotu do Konstancina Jakub myśli bez przerw o tej podłej osobie, która wrabia go w przestępstwo finansowe, zwykłą kradzież, jego, takiego speca

od rzeczywistych przekrętów, przekrętów wszech czasów, mistrza nad mistrzami ksiąg rachunkowych.

Jakub ląduje przed jego domem, szybko wychodzi z taksówki.

"Panie taksówkarz, przynieś pan walizy do środka.", wydaje dyspozycję Chmiel, nie czekając na odpowiedź. W lewej ręce trzyma mocno aktówkę, jego nowe życie. Raźno rusza w stronę drzwi wejściowych domu. Jest to przyjemna dla oka willa z tradycyjnymi kolumnami podtrzymującymi zadaszone główne wejście. Drzwi są ciężkie i obronne, mają za cel powstrzymania intruza na dłuższy czas, tak aby pomoc przybyła z odsieczą. Jakub otwiera niezamknięte na klucz drzwi i wpada do holu. Jest wariacki, stuknięty, z niechlujnym krawatem zawieszonym na szyi. Takim znajduje go Lucyna, która na dźwięk otwieranych drzwi wyszła z salonu.

"Lucyna, to ja. Tylko nie podniecaj się. Po prostu spóźniłem się na pociąg." Jakub kładzie aktówkę na małym stoliku stojącym pod ścianą holu. Nad stolikiem wisi obraz zielonych terenów okolic Konstancina. Jakub zawsze lubił ten obraz, przynosił mu spokój i chwilę refleksji. Chmiel patrzy do środka jego sumienia i nie znajduje tam żadnych obiekcji moralnych. Czuje się tylko upokorzony tym wstrętnym podstępem kogoś, kogo straszliwie nienawidzi, łobuza,

który powinien zawisnąć na wysokiej gałęzi leśnego drzewa i stanowić strawę dla ptactwa. "Mam coś do załatwienia dziś wieczorem. Zabieram samochód." Dodał Chmiel odwrócony plecami do salonu, z którego właśnie zjawiła się Lucyna. Lucyna jest zaniepokojona nagłym powrotem męża. Nie lubi tego typu niespodzianek. Jest ubrana w wieczorową sukienkę, elegancką, ale w tradycyjnym guście kobiety w jej wieku, konserwatywną z lekkiej wełny. Lucyna zaczyna zadawać niewygodne pytania.
"Spóźniłeś się na pociąg? Pociąg przecież odjechał kilka godzin temu, Jakub co ty opowiadasz? Na miłość boską co się stało?"
"Wyjaśnię ci to nieco później kochanie. Polecę do Gdańska jutro rano samolotem, będzie szybciej i wygodniej." Jakub odpowiada dość rzeczowo, ale nieobecnym głosem, zawieszonym w jego wnętrzu duchowych burz. Wyciąga z kieszeni kilka banknotów. Jest to zapłata za taksówkę.
"Ale Jakub.." Lucyna ręką przyciąga męża bliżej jej osoby.
"Posłuchaj Lucyno, nie ma się czym przejmować, nie włączaj alarmu bez potrzeby." Małżonkowie stoją twarzą w twarz. Przyglądają się sobie, jakby nigdy wcześniej się nie spotkali. Są dla siebie obcy, choć razem, w tym samym domu, nawet w tym samym łóżku. Każde z nich

marzy o kimś innym u boku. Jakub rzuca wzrok w stronę salonu i zauważa moją skromną osobę. "Sądziłem, że wybierasz się na obiad wieczorem z twoją drogą przyjaciółką, Dorotą."
Mówiąc te słowa, Jakub robi małe kółeczko, aby dokładnie sprawdzić, kto to jest ten mężczyzna w jego salonie i to na dodatek, z jego żoną.
"Tak, ale później, chciałam mieć samochód, aby..." Lucyna nie kończy, ponieważ stoję obok niej, przyglądając się bardzo uważnie Chmielowi.
"Och, bardzo przepraszam... Jakub to jest Bob Jarosz."
"Och, tak...", z miną kwaśnego ogórka odpowiada Jakub. Przerywam niewygodną dla nas wszystkich sytuację uśmiechem i małym komentarzem:"Zawsze chciałem pana poznać, panie Chmiel." Twarz Lucyny nabiera rumieńców, nawet uśmiech zawitał na jej twarzy. Wyciągam do Chmiela rękę na powitanie i dodaję:" Pana żona i ja jesteśmy starymi znajomymi."
"Oczywiście, że tak. Lucyna zawsze opowiada o ludziach, których znała, kiedy prezes Rogalski jeszcze żył. Oblicze buchaltera się nie zmienia, jest krzywe i podejrzliwe. Lucyna próbuje przestawić męża na właściwy tor.
"Jakub, pan Jarosz był tak uprzejmy, że bezpośrednio po pracy odwiedził nas po to, aby udzielić mi profesjonalnej rady. Jakub nie

zmienia walecznego tonu i szybko reaguje:"Lucyna, dobrze już dobrze. Jeżeli myślisz o rozwodzie to dobrze, ale nie ma powodu, aby zatrudnić tak drogiego adwokata." Chmiel jest nieuprzejmy i bardzo zacietrzewiony.
"Jakub...", podniesionym głosem odpowiada Lucyna.
Muszę ratować sytuację.
"Nie zajmuję się sprawami rozwodowymi. Zatrzymałem się , aby...", Lucyna ucina mi w pół zdania.
"Dyskutowaliśmy na całkowicie inny temat.", wyjaśnia mocnym głosem Lucyna. W tym momencie taksówkarz wszedł do holu z bagażem Jakuba. Jakub zmienia nieco ton.
"W porządku, nie ma problemu." i do taksówkarza:"Zostaw bagaże pod ścianą", Jakub palcem wskazuje miejsce dla jego bagażu. Płaci taksówkarzowi za przejazd i wraca do rozmowy.
"Czy ktoś jeszcze był tutaj dzisiejszego wieczoru. Czy ktoś dzwonił?", pyta Jakub. Taksówkarz wychodzi z holu na zewnątrz domu.
"Tylko Marcin Wlazło. Chciał się upewnić, że twoja podróż przebiega zgodnie z planem. Nie wiedziałam, że spóźniłeś się na pociąg." Odpowiedziała szczegółowo Lucyna.
"Marcin Wlazło, a to ci niespodzianka", enigmatycznie dodał Chmiel.
"Jakub, jeżeli nie chcesz mi powiedzieć, to

może powiesz Bobowi, co cię dręczy ostatnio. Jest to jeden z powodów mojej rozmowy z panem Jaroszem, twoje niepokoje i udręki, jesteś jakiś dziwny." Chmiel brutalnie przerywa żonie:" Och, na miłość boską Lucyna, co mnie obchodzi, czym się zajmujesz." Chmiel łapie aktówkę i ściska ją mocno pod sercem.
"Do widzenia, panie jarosz.", mówi Jakub i rusza w stronę drzwi.
"Jakub, gdzie biegniesz?", krzyczy do pleców Jakuba jego żona. Ja jestem zdziwiony zaistniałą sytuacją, ale próbuje robić twarz pewniaka do tej gry nieporozumień i braku zaufania. Tuż zza drzwi słyszymy paniczny głos Jakuba:" Panie taksówkarzu, niech pan zaczeka, niech pan zaczeka!".
Zanim Jakub Chmiel gwałtownie zjawił się w jego domu, Lucyna opowiedziała mi jego długą historię. Jak już wspominałem, znam Lucynę od dłuższego czasu, ale nigdy dotychczas nie mieliśmy okazji porozmawiać w domowym zaciszu. Ta nowa sytuacja dla mnie i dla Lucyny sprawiła kompletniejsze otwarcie Lucyny na temat jej małżeństwa z buchalterem. Lucyna zaczęła od nazwiska księgowego. Otóż Jakub Chmiel to nie jest Jakub Chmiel. Prawdziwe nazwisko buchaltera to Jakow Suchmiel. Mąż Lucyny pochodzi z żydowskiej rodziny spod Pińska. Jego rodzice poznali się w tej małej wiosce na rok przed narodzeniem się Jakowa.

Jakow był najstarszym z trójki dzieci państwa Suchmiel. Ojciec przyszłego księgowego był dobrym cieślą a matka wiejską nauczycielką. Choć wiodło im się nieco lepiej niż większości mieszkańców wsi, to sytuacja finansowa rodziny była raczej mizerna. Każdy na wiosce żył dla siebie. Ludzie poodgradzali się wysokimi i gęstymi płotami od sąsiadów. Szczególnie dotyczyło to kilku żydowskich rodzin obecnych na wiosce. Polacy w tej wsi nie przepadali za Żydami i nie utrzymywali z nimi towarzyskich relacji. Chcieli się odgrodzić od nich i reszty chłopów na wsi, od ich kur, gęsi czy świń. Chłopi odseparowywali się od innych po to, aby ukryć ich małe tajemnice. Część z nich zajmowała się kłusownictwem czy kradzieżą drewna z 'pańskiego' lasu, aby jakość związać koniec z końcem. Gdyby sąsiedzi dowiedzieli się o kryminalnym zachowaniu innych, to natychmiast popędziliby ze skargą do leśnictwa albo na posterunek żandarmerii. Sądów obawiano się najbardziej.

Chłopi ze sobą konkurowali o te rzadkie dochody, jakie mogli osiągnąć z pracy najemczej. Te parę marnych groszy mogło zdecydować czy rodziny przetrwa na przednówku. Początki żywota Jakowa były marne. W wieku lat osiemnastu Jakow zakochał się w pięknej dziewczynie, córce najbogatszego chłopa na wsi. Maryna reprezentowała swoją urodą piękno słowiańskiego obrazu. Długie, blond włosy, piękny biust, strzeliste nogi podtrzymujące powabne biodra to były atrybuty jej boskiego ciała. Pewnego letniego dnia Jakow miał szansę zobaczyć Marynę nagusieńką. Pływała w pobliskim jeziorku o wczesnym ranku niespodziewająca się, że męskie oko może ją podglądać. To już dla Jakowa było za wiele. Przysiąg sobie, że musi ją zdobyć, za wszelką cenę, chce, aby została jego żoną. Miał okazję spotkać Marynę kilka razy na wsi, ale dziewczyna nie zwracała na niego najmniejszej uwagi. Ona była w końcu Polką a on Żydem, ich sytuacja finansowa była różna, Jakow był biedny, a ona, pochodzi z najbogatszej rodziny na wsi. Żyli w dwóch różnych światach bez możliwości przeniknięcia jednego w drugi. Gnębiło to Jakowa przez długi czas, ale nic nie mógł zmienić. Pewnego dnia przyjechał do nich na wieś krewny ojca Jakowa. Zaproponował mu pracę w jego zakładzie stolarskim w Pińsku. Rodzina długo się nie zastanawiała, spakowali się w jeden dzień i przenieśli do Pińska. Tutaj Jakow skończył szkołę średnią z wyróżnieniem. Pojechał na jego wieś po to, aby porozmawiać z Maryną. Ta nawet, będąc ciekawską dziewczyną, chciała wiedzieć co się stało z rodziną Suchmiel i zaangażowała się w krótką rozmowę z Jakowem. To małe wydarzenie, bez znaczenia dla dziewczyny, miało przełomowe znaczenie w życiu Jakowa. Na pożegnanie powiedział Marynie, że wróci do niej i się z nią ożeni. Maryna go nie słuchała, była zajęta innymi myślami, więc na odczepkę powiedziała, że 'dobrze, niech przyjedzie'. Jakow, za namową matki, i przy jej pełnej aprobacie, zaczął studiować na wydziale weterynarii Akademii Medycyny Weterynaryjnej we Lwowie. Tym miał zaimponować Marynie. Spędził tam cały pierwszy rok jako wzorowy student. Pojechał na jego dawną wioskę, aby pochwalić się Marynie z jego osiągnięć. Tyle że Maryny już tam nie było. Wyszła za mąż za bogatego kupca z Warszawy, który nie mógł oprzeć się jej urodzie i zabrał ją ze sobą do stolicy. Był to dla Jakowa śmiertelny cios. Maryna go zdradziła, miała przecież na niego czekać, mieli się pobrać. Jakow zrezygnował z Akademii Medycyny Weterynaryjnej i przeniósł się na Uniwersytet na wydział buchalterii. W tym zawodzie były prawdziwe pieniądze, a tego Jakowowi brakowała, majątku budzącego szacunek. Tłumaczył sobie, że Maryna go porzuciła ze względu na jego mizerną pozycję finansową. Jakow dokonał jeszcze innego czynu, który miał go postawić w innym, w lepszym niż sądził, świetle, przyjął chrześcijaństwo i zmienił nazwisko na Jakub Chmiel. Opowieść Lucyny prawie dobiegała końca, po chwili jednakże dodała:"Jakub nigdy nie zapomniał krzywdy,

jaką wyrządziła mu Maryna. Kobiety stały się dla niego powietrzem. Nie chciał z kobietami mieć nic do czynienia przez długie lata aż spotkał mnie w Prudenszjalu i poprosił o moją rękę. Moja sytuacja także była nieznośna, więc wyraziłam zgodę i tak doszło to naszego małżeństwa dwóch samotników na wyspie firmy ubezpieczeniowej."
Lucyna przerwała, zatopiła się w myślach przeszłości i tak to trwało około dziesięciu minut. Nie przerywałem jej zadumy. Czekałem na obudzenie i przedstawienie mi rzeczywistego powodu wizyty w jej domu.
W międzyczasie Jakub drąży jego śledztwo i szuka zdrajcy jego planów. Podjechał taksówką pod mieszkanie Marcina Wlazło. Marcin mieszkał w kamienicy blisko centrum Warszawy w małym mieszkanku składającym się z jeden sypialni i niewielkiego saloniku z przyczepioną kuchenką. To skąpe mieszkano, znajdowało się jednakże we wspaniałej kamienicy zbudowanej przez Edwarda Lilpop. Budynek charakteryzował się bogato zdobioną eklektyczną fasadą. Na tyle było Marcina stać. Jego życie to kobiety z różnych klas społecznych o różnych dochodach. Marcin był niejako kronikarzem kobiecego ciała i kobiecego uroku stołecznego miasta Warszawa. Badania swoje przeprowadzał na paniach w młodocianym, ale także dojrzałym wieku, za co

te ostatnie były mu bardzo wdzięczne. To właśnie było jego życie, dawać radość warszawskiej płci pięknej. A robił to dobrze to i odbiór jego naukowych dywagacji był przyjmowany entuzjastycznie przez panie, ale nie tak przychylnie przez mężów tych pań. Wielokrotnie Marcin uniknął bliskich spotkań z mężczyznami, którzy także kochali swoje żony, tyle że nie mieli w sobie tego egzotycznego temperamentu no i odpowiednich warunków fizycznych, aby dostarczyć pełnię radości paniom ich życia.

Jakub przesuwa palec wzdłuż nazwisk mieszkańców kamienicy i znajduje mieszkanie Wlazło. Mieszkanie znajduje się na parterze, także dostęp do niego jest łatwy. Już z oddali słyszy mistyczną muzykę jazzową. Wie, że muzyka wypływa z mieszkania Wlazło. Marcin wielokrotnie szczycił się znajomością jazzu i uwielbienia dla tego gatunku muzyki. Jakub podchodzi na palcach do okna i widzi to, czego nigdy nie chciał zauważyć. Lita von Hohenstein znajduje się w objęciach Marcina a ich sylwetki kołysają się w sennym nurcie lekkiego jazzu. Lita delikatnie się uśmiecha, czuje się wspaniale w ramionach tego przystojnego uwodziciela. Nie przeszkadza jej to, że Marcin to lowelas jakich mało, ale to nieważne, ta chwila należy do niej. Nikt jej tego nie może odebrać. Lita ubrana jest w elegancką sukienkę zabraną z szafy w jej biurze. Ma ta kilka wspaniałych kreacji na szczególne okazje. Taka okazja jest właśnie dzisiaj. Lita założyła suknię z czerwonego jedwabiu. Sukienka ma szerokie ramiączka i marszczony dekolt w kształcie litery „V". Lita myśli tylko o seksie i relaksie po całym tygodniu spędzonym w tym ponurym biurze Prudenszjalu.

Twarz Jakuba przykrywa się cieniem rozpaczy. Jak ona mogła to zrobić, przecież jutro rano miała się z nim spotkać w Gdańsku. Lita zaczyna rozbierać Marcina. Zaczyna od rozwiązania jego krawatu. Tego Jakub już nie może znieść. Złowrogi uśmieszek pojawia się na jego ustach a wargi szepczą:"Kiedy zamienisz się w popiół, wtedy zobaczę twój uśmiech." Jakub podbiega do telefonu, który znajduje się zaledwie około stu metrów od kamienicy, w której mieszka Wlazło. Wyciąga notes z jego lewej, wewnętrznej kieszeni marynarki. Otwiera stronę po stronie, aż dociera do nazwiska Sadecki, Ludwik Sadecki. Podnosi słuchawkę i wybiera numer telefonu. Po drugiej stronie linii telefon odbiera Sadecki.
"Tak".
"Tutaj Chmiel, panie kierowniku, Chmiel.", zbyt cicho melduje się Jakub.
"Kto taki, kto?", niedosłyszał nazwiska Sadecki."

"Chmiel", głośniej mówi Jakub. " Panie kierowniku spóźniłem się na pociąg."
"Och, Jakub, och, to nic strasznego. Wszyscy kiedyś spóźniliśmy się na pociąg."
"Złapię poranny samolot i wyląduje w Gdańsku na czas. Powód, dla którego dzwonię to..., chce się tylko upewnić, że posiadam wszystkie papiery, które będą mi potrzebne w Gdańsku.
"O czym ty mówisz Chmiel?", nieco rozzłoszczony kierownik reaguje na powód telefonu Chmiela.
"Mam na myśli aktówkę, panie kierowniku, aktówkę. Byłem pod wrażeniem, że osobiście pan zapakował aktówkę ."
"Otóż, nie koniecznie, ale jestem pewien, że masz wszystkie dokumenty, jakie będą ci potrzebne.", odpowiedział kierownik, przyznając się do winy powierzenia spakowania aktówki komuś innemu.
"Kto to był panie kierowniku, kto dotknął aktówki?", niecierpliwie pyta Jakub.
"Jakub, na miłość boską, dlaczego nie przestaniesz martwić się drobnymi rzeczami, wtedy nie przegapiłbyś rzeczy ważnych."
"Tak jest, panie kierowniku. Nie chciałem pana urazić albo zdenerwować.", wyjaśnia szybko Chmiel.
"Chmiel, już zdążyłeś zrujnować mój wieczór, nie wpłacając pieniędzy do banku z otrzymanego depozytu za pożyczkę", nerwy

kierownika podskoczyły jeszcze dwa słupki do góry. "Odebrałem telefon, kiedy wróciłem do domu, dowiedziałem się, że zapomniałeś zdeponować pieniądze w banku. Wiesz przecież, że nie mamy ubezpieczenie na przechowane fundusze przez noc, szczególnie że mówimy tu o czterdziestu pięciu tysiącach złotych."

"Ale chcę wyjaśnić te czterdzieści pięć tysięcy złotych, panie kierowniku", odpowiada głosem ducha Jakub. Kierownik mu przerywa:"Wiem, że jest ci przykro, że zapomniałeś zdeponować pieniądze. Zadzwoniłem już do firmy asekuracyjnej, aby spotkali się ze mną w biurze i odebrali ten niepotrzebny balas z naszych rąk. To oni zdeponują pieniądze w banku."

"Ale co pan wyrabia, panie kierowniku!", krzyczy Chmiel ku zdziwieniu Sadeckiego. "Jestem już jedną nogą na zewnątrz mojego domu, aby przekazać im pieniądze. Do widzenia Chmiel, jedź do Gdańska", krzyczy kierownik do ucha wystraszonego księgowego. Buchalter wpadł w panikę i biegiem ruszył w stronę Prudenszjalu. Posiadał klucz do bocznych drzwi budynku. Otworzył ciężkie drzwi i wpadł do holu. Przebiegł obok trzech stanowisk publicznych telefonów i bardzo pokaźnych rozmiarów wagi. Znalazł się przy windzie, ale w tym momencie dostrzegł Sadeckiego w towarzystwie dwóch mundurowych, ochroniarzy. Sadecki i ochroniarze stali w głównym holu budynku gotowi do wejścia do głównej windy. Jakub znajduje się przy windzie zapasowej znajdującej się w tym małym, bocznym holu. Jakub podjął decyzję, nie może czekać na windę i nawet jej użyć. Sadecki usłyszałby hałas tego solidnego urządzenia, co by zapewne go bardzo zastanowiło. Jest tylko jedno wyjścia z coraz trudniejszej sytuacji, w jakiej znajduje się księgowy -schody. Jakub spojrzał do góry, jakby chciał się upewnić, że nikt schodów nie ukradł i ruszył szybkim krokiem w górę, stopień za stopniem. Będąc na pierwszym piętrze, Jakub słyszy 'wrzask' otwieranych głównych drzwi do holu z windami. Sadecki otworzył drzwi kluczem i wszedł do holu z dwoma ochroniarzami. Jest gorąco, Chmiel zastanawia się, czy zdąży przed Sadeckim. Kontynuuje swój bieg o życie z ciężkim oddechem na ramieniu. Sadecki stoi przy windzie, która szczęśliwie dla Jakuba, znajduje się na szóstym piętrze. Nie jest to winda ekspresowa, zabiera więcej jej dobre 60 sekund, aby zameldować się na dole ku radości jej klientów, w tym przypadku Sadeckiego i dwóch, groźnie wyglądających facetów w mundurach i z pistoletami. Jakub znajduje się przy drzwiach do sekretariatu Prudensjalu. Widzi windę leniwym krokiem płynącą w dół szybu. Księgowy z zadyszką na jego oddechu wpada do pokoju, gdzie znajduje się metalowa szafa, a w jej środku sejf. Jakub wyciąga kluczyk do szafy z jego prawej kieszeni spodni i trzęsącą ręką otwiera cel jego wyprawy. Chmiel klęka, aby łatwiej otworzyć sejf schowany za kodem. Wyciera lejący się pod z jego czoła szybkim ruchem rękawa jego prawej ręki. Jest w panice, ma problemy z kontrolowaniem strachu, raz jeszcze ociera pot zalewający mu oczy, ale po chwili manipulacji sejf się otwiera, co przynosi małą ulgę Jakubowi. Sadecki spokojnie czeka na windę, która jest w nastroju weekendowym i marudnie, z widocznym ziewaniem, zjeżdża na dół, do holu budynku. Wreszcie jest. Sadecki i mundurowi wchodzą do środka. Jakub słyszy odgłos zamykanych drzwi od windy. W tym momencie sejf otwiera swoje wdzięki dla wycieńczonego księgowego. Oddech ulgi z płuc Jakuba wypełnia pokój. Chmiel wyciąga pieniądze z wewnętrznych kieszeni jego marynarki i wkłada je do sejfu. Kroki zbliżają się do pokoju z sejfem. Jakub nie ma możliwości ucieczki, dlatego też chowa się za narożnikiem ściany pokoju, gdzie nikt nie może go zauważyć. Zapomniał o aktówce, która leży na podłodze, tuż obok sejfu. Sadecki włącza światło i to jest jedyna szansa, aby ratować siebie i aktówkę. Szybkim ruchem ręki, niczym jaszczurka językiem, przyciąga aktówkę na jego stronę. Z walącym sercem próbuje wyciszyć emocje i wibracje jego ciała,

częściowo mu się to udaje. Sadecki ląduje przy sejfie. Otworzenie szafki i sejfu zajmuje mu tylko krótką chwilę. Jeden z ochroniarzy ma gotową lnianą, długą torbę stosowaną przy transporcie gotówki. Drugi ochraniasz, skrupulatnie notuje sumę pieniędzy, jaka wędrują do wora. Jakub wszystko słyszy. Ukrywa się zaledwie cztery metry od sejfu, ale w bezpiecznym miejscu. Sadecki umieścił wszystkie pieniądze w torbie ochroniarskiej. "To na tyle panowie, zaczekajcie na mnie", powiedział uspokojonym głosem Sadecki i rozpoczął krótki marsz w stronę telefonu znajdującego się bardzo blisko Jakuba. Ten ostatni słyszy całą rozmowę kierownika. Sadecki wykręca numer, kopiując cyfry z małej kartki papieru, którą znalazł w prawej kieszeni marynarki. Jest odpowiedź po drugiej stronie. "Halo, ktoś mi dał ten numer telefonu, aby rozmawiać z panią von Hohenstein. Och, Lita, czy to ty. Posłuchaj, chciałem się z tobą skomunikować wcześniej, aby cię poinformować, że odebrałem wiadomość o ponownym sprawdzeniu tych czterdziestu pięciu tysięcy złotych. Nie, nie, nie musisz się niczym przejmować, ja się tym zająłem.
Dzwonię tylko po to, aby ci podziękować za zwrócenie mojej uwagi na tę sprawę. To wszystko. Dobranoc, miłego wieczoru", zakończył Sadecki rozmowę z Litą. Jakub

słyszał każde słowo. Sadecki i ochroniarze wychodzą z pokoju i kierownik wyłącza światło. Twarz Chmiela przypomina wyciśniętą cytrynę. Przez zaciśnięte w bólu usta wymyka się jedno słowo; "Lita". Jakub straszliwie cierpi, powoli wstaje z kolan i robi dwa kroki do przodu tylko po to, aby położyć głowę na framudze ściany. Jest zdruzgotany. Nie może powstrzymać emocji. Łzy leją się ciurkiem po twarzy tego prawie sześćdziesięcioletniego mężczyzny. Słyszy szum odjeżdżającej windy. Wlecze za sobą ołowiane nogi i raz jeszcze szepcze:"Lita, kiedy zamienisz się w popiół, wtedy zobaczę twój uśmiech". Sadecki z oficerami jest już na dole budynku. Chmiel schodzi szybkim krokiem schodami, kiedy słyszy własny głos z dyktafonu:"Perfekcyjna kradzież". Aktówka wypada mu z rąk i jego głosem ponownie odzywa się w jego głowie:" Powiedziano, że Rzymu nie zbudowano w ciągu jednego dnia." Głos z jego głowy przenosi się na ściany tej studni schodów i dalej, mocniej brzmi powtarzanym echem:" Ani banku centralnego, ani skarbu Inków. Nie do wykrycia przejęcie dwustu jeden tysięcy złotych, rachunek za rachunkiem, miesiąc za miesiącem, rok po roku." Głowa Jakuba szaleje z bólu. Chmiel próbuje wyciszyć ten złowrogi głos, wyciąga z aktówki dyktafon i próbuje wyłączyć coraz mocniejszy głos odbijający się echem po ścianach jego firmy. To nie dyktafon przypomina mu jego przestępstwo, to jego dusza reaguje na zło, jakie wyrządził. Głos dalej stanowczym głosem donosi:"Finansowy festiwal, który tylko mógłby być dokonany za sprawą geniuszu Jakuba Chmiela, tylko Jakuba Chmiela." Księgowy wybiega z budynku i głos zaprzestaje spowiedzi jego straconej duszy. Dyktafon ląduje na chodniku rzucony tam silnym głosem winny księgowego.

Księgowy Chmiel już nie miał wyjścia. Zbrodnia usiadła mu na głowie i krzyczy 'do boju, do boju, mały buchalterze, musisz pomścić swoje krzywdy' i Jakub przyjął te sugestie z mętną głową i zaciemnionymi oczami. Było już po północy, kiedy dotarł do willy Lity. Lita jeszcze nie spała zauroczona możliwościami Marcina w zakresie spraw męsko-damskich. Słucha jazzu, który tak mocno polubiła przed kilkoma godzinami. Drzwi nie były zamknięte na klucz. Chmiel cicho wślizguje się do salonu i zauważa Litę leniwie siedzącą w fotelu, odwróconą do niego tyłem. Na małym stoliku obok fotela Jakub dostrzega ciężką kryształową popielniczkę. Podejmuje natychmiastową decyzję, ale nie w pełni świadomą. Jest jak w amoku. Serce mu wali kopytami. Ktoś żąda od niego gwałtownej akcji. Chmiel podnosi ze stolika popielniczkę i zadaje Licie cztery śmiertelne uderzenia. Twarz Lita zalewa krew, jej prawa ręka opada bezdusznie na oparcie fotela. Jakub rzuca krótkie spojrzenie na twarz Lity. Po głowie kołacze mu się to złowrogie zdanie, "Kiedy zamienisz się w popiół, wtedy zobaczę twój uśmiech". Lita się nie uśmiecha, patrzy szeroko otwartymi oczami na jej mordercę. Wydaje się, że szepcze:"Jakub, dlaczego, moje młode życie dobiegło końca. Dlaczego to zrobiłeś?" Jakub odpowiada szeptem:"Bo mnie zdradziłaś, Lita, tak jak Maryna, nie mogłem tego znieść, nie mogłem tego znieść". Księgowy opuszcza wille Lity, upewniając się, że nikt go nie widzi. Instynkt samozachowawczy ciągle w nim tli się iskierką czegoś, co jest dla niego niezrozumiałe. Bo i po co żyć, jego ostatnia nadzieja na sukces pogrążyła go w czarnym bagnie nienawiści i zemsty. Znika w ciemnościach Konstancina, gdzie nawet księżyc już nie wychodzi zza chmur.

W czasie naszej rozmowy, to znaczy mojej z Lucyną, po gwałtownym wybiegnięciu Jakuba, moja przyjaciółka zasugerowała, że w biurze Prudensjalu znajduje się szantażysta. Sądziła, że tę osoba jest Lita. Lucyna nie chciała jednakże dać mi żadnych detali jej oskarżenia. Zadzwoniłem do Pawła, mojego współpracownika z agencji detektywistycznej i poprosiłem go o odwiedzenie Lity następnego dnia w godzinach porannych. Lucyna dała nam

adres Lity.
Lucyna chciała mi powiedzieć więcej z jej osobistego życia. Nie miałem nic przeciwko temu. Zaczęła w ten sposób:"Nie wiem, jak to się stało, że pobraliśmy się, ja i Jakub, tak nagle, tak nieoczekiwanie dla nas, jak i wszystkich naszych współpracowników. Moje losy podobne są do losów Jakuba i być może to był nasz telepatyczny kontakt bez słów. Któregoś poranka wpadliśmy na siebie, dosłownie, w sekretariacie i oczy nasze się spotkały, i w tym momencie wiedzieliśmy, że jesteśmy dla siebie przeznaczeni. Szybko załatwiliśmy formalności i ślub miał miejsce cztery dni później. Świadkami byli Marcin I Magda. Nasza sielanka trwała bardzo krótko, wiedzieliśmy, że nasza decyzja była pochopna i całkowicie nie przemyślana, żadne z nas nie mogło być szczęśliwe w tym związku. Sprawy szły coraz gorzej między nami, a u Jakuba, zrodziła się nawet nienawiść w stosunku do mnie. I natomiast, zaczęłam nawet go kochać, choć to nie on, był moim marzeniem. Jakub mówił coraz częściej o rozwodzie, ja natomiast milczałam. Nie chciałam doznać kolejnego zawodu na tym późnym etapie życia. No i tak żyjemy, bez miłości, bez zrozumienia, bez jakieś nadziei na lepsze jutro. I tak to jest."
Nie odpowiedziałem na opowieść Lucyny, nie wiedziałem, co powiedzieć, moje losy są

zupełnie inne. Moje życie jest udane i aby tak było dalej.

Następnego ranka Paweł, na moje zlecenie, wybiera się do Lity. Prowadzi, oczywiście, jego elegancki samochód, który budzi uznanie w wielu kobiecych sercach, i oto Pawłowi chodzi. Paweł jest miłośnikiem kobiet, podobnie jak Marcin, tylko że na bardziej wyszukanym poziomie. Niedaleko domu Lity zaparkowała ciężarówka. Kierowca pojazdu leży na ziemi, pod samochodem, próbując coś naprawić. Paweł zatrzymuje się i podchodzi do kierowcy. Z jego urodzonym wdziękiem pyta kierowcę:"Jakieś problemy, panie kierowco?"

"Och nie, robię to w ramach codziennych ćwiczeń. Pomaga to moim truskawkom dojrzeć.", nieco zagadkowo odpowiada kierowca. Paweł się uśmiechnął i drąży dalej:"Czy jest ktoś w tamtym domu?", Paweł ruchem głowy wskazuje na willę Lity.

"Nie mam zielonego pojęcia. Dlaczego pan pyta?"

"Szukam posiadłości na sprzedaż.", grzecznie odpowiada Paweł.

"Może pan mieć wszystko, co posiadam, włącznie z tą ciężarówką. Wie pan, że to trzeci raz w ciągu trzech tygodni, kiedy nie zdążyłem na wczesny rynek z powodu tej piekielnej maszyny.", ze złością w głosie riposteje kierowca." Zdaje pan sobie sprawę, jak długo siedziałem w tym gracie i czekałem na dzienne światło, aby móc naprawić tego trupa?" Paweł odpowiedział przyjaznym uśmieszkiem, bez złości, może nawet z odrobiną zrozumienia losu kierowcy. Kieruje się w stronę domu Lity. Patrzy na skrzynkę pocztową, aby się upewnić, że jest pod właściwym adresem. Na skrzynce dużymi literami widnieje nazwisko Lity. Z domu dobiega szum jazzu. Paweł zachodzi od tyłu domu, bo właśnie stamtąd dochodzi muzyka. Zaplecze domu jest ładnie zagospodarowane bogatymi, letnimi fotelami, zadbaną roślinnością stojąca na przytulnej kamiennej kostce w kształcie rombów. Oszklone drzwi na taras są szeroko otwarte, budzi to natychmiastowy niepokój na twarzy Pawła. Detektyw odsłania białe, lekkie zasłony i wchodzi do salonu. Zegar na biurku wskazuje 6:55. Paweł znajduje ciało Lity. Popielniczka, narzędzie zbrodni znajduje się na podłodze. Wokół nadgarstka Lity obwinięty jest krawat. Paweł dokładnie przygląda się tej ważnej części męskiego ubioru. Chce zapamiętać wszystkie szczegóły przed przybyciem policji. Patrzy też na jakby tylko zmartwioną i zdziwioną twarz Lity. Lita nie spodziewała się, że ktoś może nawet przez jedną chwilę myśleć o unicestwieniu jej życia, młodego, pełnego zapału i chęci na więcej, znacznie więcej aniżeli te lata, jakie dotychczas przeżyła. „To smutne", cicho wyszeptał Paweł,

doceniając urodę i wdzięki zamordowanej. Otrzymałem wiadomość od Pawła o znalezionym ciele Lity. Mój instynkt skierował mnie w stronę domu Lucyny, która jeszcze wczoraj opowiadała mi o jej podejrzeniach dotyczących Lity, podejrzewanej o szantażowanie pracowników Prudenszjalu. Zadzwoniłem do Lucyny, anonsując moją wizytę. Lucyna była zdziwiona moim porannym telefonem, ale przyjęła moje odwiedziny przyjaznym głosem." Ależ oczywiście Bob, przygotuję małe śniadanko dla nas obydwojga." Lucyna czekała na mnie w saloniku. Była ubrana w żółto, cytrynowy żakiet z jedwabiu i zielonej wełny. Drzwi zostawiła otwarte, abym wszedł do domu bez jakichkolwiek oporów. Usiadłem naprzeciwko zmartwionej kobiety i poinformowałem ją o zaistniałej sytuacji: " Lita von Hohenstein nie żyje, została zamordowana." Nigdy nie jest łatwo przekazać komuś taką straszną informację, choć wiem, że obydwie panie za sobą nie przepadały. Były nawet do siebie wrogo nastawione.
"Lita von Hohenstein zamordowana? To nie jest niemożliwe, niemożliwe, rozumiesz Bob?", pyta niewierzącym głosem pani Chmiel.
"Lucyna, dlaczego jesteś tak przestraszona?", odpowiedziałem pytaniem na pytanie. Lucyna nie odpowiedziała. Siedzi sztywno z wielkimi pytającymi oczami. Ręce ma złożone jak do

modlitwy. Mogę zauważyć, jak się trzęsą, z nieznanego mi powodu. Prowadzę dalej moją rozmowę.
"Wczoraj wieczorem powiedziałaś mi, że jej nie lubisz, że jej nie ufasz."
"Po prostu jest mi trudno uwierzyć w jej śmierć.", przerywanym głosem artykułuje Lucyna. Daje jej chwilę na złapanie oddechu. Głos Lucyny ani jej sylwetka nie ulegają zmianie.
"Chciałbym porozmawiać z twoim mężem?", pytam spokojnym, wyważonym głosem.
"Tu go nie ma, wyszedł bardzo wcześnie, nie wiem dokąd." Lucyna kłamie i ja wiem o tym i ona wiem, że ja wiem. Sytuacja staje się dziwaczna. Chcę jej pomóc, ale pani Chmiel broni się przed tym." Lucyna, wczoraj wieczorem przyjechałem do ciebie, ponieważ byłaś bardzo roztrzęsiona z powodu otrzymanego listu i kilku tajemniczych telefonów. Powiedziałaś mi, że to był mężczyzna, który do ciebie dzwonił, a listy, które otrzymałaś, były napisane na maszynie i niepodpisane. W prosty i wulgarnym języku żądały tego samego: 'Przestań wysysać moją krew albo coś ci się stanie.' Lucyna dalej gra jej nieudaną grę zaprzeczeń: "Nie powinnam do ciebie dzwonić, ale byłam przestraszona, ale to nic ważnego, zapewniam cię." Sztuczny grymas uśmiechu zawitał na jej ustach z towarzyszącym

temu ruchem ciała jak u wariatów w szpitalu dla umysłowo chorych.
"To było ważne.", stanowczym głosem odpowiadam Lucynie. "Jest oczywiste, że ktoś podejrzewa cię o szantaż. Pamiętasz, że mężczyzna użył słowa 'biuro'. Aż do końca ubiegłego roku twoje całe życie było związane z Prudenszjalem. Wtedy Lita von Hohenstein dostała twoją pozycję. Dzisiaj rano wysłałem Pawła, mojego detektywa, aby porozmawiał z Litą. Paweł dotarł do domu wcześnie rano, aby złapać Litę przed jej ewentualnym wyjazdem z miasta."

Lucyna wstaje gwałtownie z kanapy mówiąc w dalszym ciągu trzęsącym się głosem:" Tak, ale Lita nie żyje, teraz wszystko wygląda zupełnie inaczej, jesteśmy w nowej sytuacji." Lucyna wyjmuje z cygaretki papierosa. Wstaję z kanapy razem z Lucyną i zapalam jej papierosa.
"Dziękuję, Bob".

Okazuje się, że nie jesteśmy sami w domu państwa Chmiel. Jakub ma przyłożone ucho do drzwi jego sypialni i próbuje wyłapać najmniejsze nawet słówko. Pytam dalej, aby poznać jak najwięcej szczegółów.
"Dlaczego porzuciłaś swoją pracę? Czy powodem była śmierć prezesa Rogalskiego?"
"Tak, to znaczy nie." Lucyna odwraca się i patrzy prosto w moje oczy. Wygląda na to, że coś się w niej przełamała, chce mówić prawdę,

tak przez chwilę myślałem.
"Prawda jest taka, że Jakub naciskał mnie od dwóch lat, od początku naszego małżeństwa, abym zrezygnowała z pracy. Nie mógł zaakceptować faktu, że miałem wyższą pozycję w pracy aniżeli on.", już wyciszonym głosem dodała Lucyna, trzymając w zaciśniętej dłoni tlącego się papierosa.
"Czy także zażądał od ciebie przerwanie stosunków z twoimi przyjaciółmi?", pytam delikatnie, ale nie uzyskuje odpowiedzi. "Twoje małżeństwo było wielkim zaskoczeniem, dla wszystkich. Wiem, że Sadecki był bardzo zaskoczony. Ludwik Sadecki zawsze myślał, że jesteś nim zainteresowana." Lucyna przerywa moje dywagacje.
"Bob, przestań, dosyć tego. Jeżeli myślisz, że jestem nieszczęśliwa albo że popełniłam błąd, to jest to moja sprawa i nikogo więcej. Jestem dorosła i wiem co robię. Bob, proszę, zostaw mnie w spokoju." Lucyna oddala się ode mnie, ale powstrzymują ją chwytem za łokieć.
"Lucyna, popełniono morderstwo. Potrzebna jest ci pomoc. Dlaczego jesteś śmiertelnie przestraszona możliwością, że to twój mąż jest w jakiś sposób zamieszany w to morderstwo, albo..."
"Nic nie wiem na ten temat. Proszę cię, zostaw mnie w spokoju, opuść mój dom, proszę!", histerycznie wykrzykuje Lucyna, wyrywając się

z mojego uścisku.
"Nie potrzebujemy cię, proszę, wyjdź, zostaw mnie w spokoju, zestaw nas w spokoju."
Histeria Lucyny podniosła się o jeden słupek w górę. Nie dało się z nią rozmawiać. Nie pozostała mi nic innego jak oddalić się z tego miejsca i wrócić do rozmowy z Lucyną nieco później, jak tylko się uspokoi. Lucyna była w stanie głębokiej udręki, papieros, który ciągle trzymała w ręku, puszczał mały, smutny dymek, tak smutny, jak twarz Lucyny. Była roztrzęsiona jak umierająca ryba na haczyku wędkarza. Nigdy jej nie widziałem w takim stanie. Opuszczając dom, wydawało mi się, że dostrzegłem Jakuba przyglądającego się mi z okna jego sypialni.
Przyjechałem do domu państwa Chmiel razem z Pawłem. Detektyw czekał na mnie w samochodzie na ulicy przed domem Lucyny i Jakuba. Podszedłem do niego żwawym krokiem i zapytałem:"Czy ustaliłeś, kim jest ten facet z truskawkami?"
"Jeszcze nie. Sprawdzam numer tablicy rejestracyjnej, a moi ludzie przeczesują okoliczne targi", odpowiedział nieco zasmucony Paweł z powodu braku sukcesu w odnalezieniu kierowcy ciężarówki. Tego, co tak dowcipkował o truskawkach.
"A co z krawatem, masz coś?", pytam dalej.
"Była metka z pralni doczepiona do krawatu.

Sprawdzamy ten ślad tak szybko, jak tylko możemy. Moi ludzie poznali ten szczegół, zanim zawiadomiłem policję."
"W porządku, Paweł. Chcę, aby jeden z twoich ludzi obserwował dom Lucyny. Nie schodźcie z posterunku, aż do momentu, kiedy Jakub się tu pojawi.", podałem dalsze instrukcje dla ekipy Pawła.
"Nie ma problemu", powiedział Paweł, siedząc za kierownicą jego zaprojektowanego i wyprodukowanego w Polsce CWS T-1 w wersji nadwozia torpedo, czyli czterodrzwiowego z otwartą kabiną. Paweł odjechał do najbliższego urzędu pocztowego, aby zadzwonić do jego współpracowników i wydać im odpowiednie polecenia.
Jakub przechadzał się zdenerwowany w jego sypialni. Genialna myśl wpadła mu do głowy. Chmiel podszedł do jego aktówki, otworzył ją i wyciągnął kilka pakietów pieniędzy. Zastanawiał się co z nimi zrobić. Nie chciał, aby gotówka pozostała w aktówce. Księgowy zaczął wkładać walutę pod materac jego łóżka. Tak mu się wydawało będzie najlepiej.
Mój następny krok to są odwiedziny Huberta Jarockiego, ciągle wiceprezesa firmy „Prudential House'.Hubert, jak zwykle, bawił się kijem golfowym z nadmiernym zainteresowaniem. Ja siedziałem w fotelu, uważnie obserwując go.

"Och, słyszał pan, panie mecenasie, o zdarzeniu z Litą von Hohenstein, tym ładnym stworzonku. Jakie to smutne, jakie smutne, nieprawdaż, drogi mecenasie?". Jarocki nie patrzył mi oczy. Ciągle koncentrował się na jego kiju golfowym, wysyłając na zewnątrz powyższe zdania. Śledziłam jego ruchy, próbując czytać jego intencje i brak emocji w jego głosie i całej obojętnej sylwetce. Jarocki zawędrował za moje plecy, kiedy zadałem mu pytanie:"Jak pan się dowiedział o tej sprawie, panie Hubercie?"
"Policja zadzwoniła do mnie przed kilkoma minutami. Rutynowa sprawa, jak mniemam, kontakt z pracodawcą.", spokojnie udzielił wyjaśnienia Jarocki.
"Nie było mnie w Warszawie, kiedy zmarł prezes Rogalski w ubiegłym roku, panie Hubercie." Przyglądam mu się uważnie, ale nie dostrzegam oczywistego kłamstwa w jego zachowaniu, ani w jego odpowiedziach.
"Ciągle za nim tęsknię, ciągle go wspominam. Był najlepszym przyjacielem, jakiego kiedykolwiek miałem. Wspaniały facet, życzliwy, godny pełnego zaufania, takich ludzi już nie nie ma, panie mecenasie." Nie dostrzegłem fałszu w krótkim monologu Jarockiego, czy tak dobrze grał swoją rolę, czy też moje czytniki nie są dziś tak sprawne, jak być powinny. Wygłaszając to zdanie, usta Jarockiego zamieniły się w przecinek, a jego

oczy powędrowały ku sufitowi.

"Miało to miejsce tutaj w biurze, prawda", pytam niespodziewanie. Jarocki jest ponownie za moimi plecami. Czuję jak jego wzrok, świdruje moją głowę na wskroś, a ja kontynuuje:"Prezes Rogalski pracował do późnego wieczoru, był sam, i jak donosiła prasa, jedna ze sprzątaczek słyszała, jak z kimś rozmawiał na jakąś godzinę przed śmiercią. Sprzątaczka powiedziała, że Rogalski był bardzo na coś zły, jego głos był donośny oburzony."

"Och, prawie o tym zapomniałem, ale panie mecenasie, co to ma wspólnego z Litą von Hohenstein?", odwrócił sytuacje Jarocki, to on zadaje mi teraz pytanie.

"Wylew krwi do mózgu mógł być spowodowany wielką kłótnią z kimś innym.", spokojnie odpowiedziałem wiceprezesowi.

"Panie mecenasie Jarosz, ma pan niewłaściwą teorię do strawienia. Wielka pomyłka. Lita była dziewczyną numer jeden w wielkiej firmie, ale...", przerywam Jarockiemu.

"Czy Lita zarabiała tylko jej pensję w tym biurze, czy też miała inne źródło dochodu?"

"Zdaje się, że nie wiem, o czym pan mówi.", odpowiedział pytająco Jarocki.

"Na przykład za milczenie lub pomoc w jakiś interesach. Lucyna Chmiel powiedziała mi, że w tym biurze plotkowano na potęgę, a jeżeli kobieta chciała to wykorzystać..." Tym razem Jarocki mi przerywa:"Lucyna, to ona wykorzystywała plotki dla jej celów. Lita powiedziała mi, jaki szpieg z niej był przemyślny." W tym momencie, bez pukania, do pokoju, wszedł Ludwik Sadecki, który słyszał odpowiedź Jarockiego i barwnie zareagował:"To jej mąż był donosicielem, Jakub Chmiel." Jarocki jest odwrócony plecami do drzwi, stoi za moimi plecami, bawiąc się pieszczotliwie kijem do golfa, dlatego nie zauważył Sadeckiego za jego plecami. Po tym krótkim zdaniu wygłoszonym przez kierownika Sadeckiego obracamy głowy w jego stronę, czekając na więcej. I nie zawiedliśmy się. Sadecki dodał złym głosem:"Ze wszystkich obślizgłych, wyrafinowanych facetów, z jakimi miałem do czynienia Chmiel był na szczycie tego domu dla wariatów."

"Spokój, spokój, spokój, spokój, panie bożyszcze rozsądku i umiarkowania.", łagodzi sytuację Jarocki, po czym szybko pyta:" Czy pan miał okazję poznać naszego kierownika, pana Sadeckiego, panie mecenasie?"

"Dzień dobry, jak pan się miewa?", pyta Sadecki, a ja wstaję z fotela i ściskam mu dłoń. Pytam Sadeckiego:"Prezes Rogalski powiedział mi, że to pan, ma prowadzić firmę po przejściu prezesa na emeryturę?, postawiłem to zasadnicze pytanie Sadeckiemu. Szybko reaguje

Jarocki:"Ma pan na myśli, że firma zmieniłaby nazwę na 'Rogalski i Sadecki', a nie 'Rogalski i Jarocki'? Panie mecenasie, szuka pan dziury w całym od momentu, kiedy pojawił się pan w moim biurze", spod nosa odpowiada Jarocki, przyglądając się uważnie metalowej części kija golfowego. Mam krótką i precyzyjną odpowiedź dla Jarockiego:"Jestem zainteresowany, kto jest w tym biurze szantażystą i kto jest szantażowany, to tyle." Gwałtownie reaguje Sadecki:"Szantaż, jaki do cholery szantaż?" Przerywa mu Jarocki:" No już dobrze, dobrze Sadecki. Mamy burzliwy poranek, policję na naszych karkach, morderstwo i te wszystkie inne rzeczy. Nie możemy za to winić pana mecenasa Jarosz, że nie rozpoznaje jednej wielkiej, szczęśliwej rodziny, kiedy napotka takową.", zakończył Jarocki, kiedy otworzyły się drzwi i urocza Magda ogłosiła słodkim głosem:"Przepraszam panie prezesie, ale jest telefon do pana Jarosza w sekretariacie." Panowie, proszę mi wybaczyć.", powiedziałem apetycznie, wychodząc do sekretariatu. "Oczywiście, nie ma problemów, panie mecenasie, to należy do pana zawodu, aby być gotowym na nowe wydarzenia.", uprzejmą zdawkowością ponownie popisał się Jarocki. Opuściłem gabinet Jarockiego i podszedłem do biurka Magdy, gdzie czekał na mnie telefon z wiadomością.

"Tak, słucham?", miękko mówię do słuchawki. Urokliwa Magda usiadła na jej krześle tuż obok mnie. Uśmiecha się zaczepnie, ale nie jestem pewien czy do mnie, czy tylko tak w otwartą przestrzeń sekretariatu.
"Tak Paweł, co masz dla mnie? Kto?", pytam, aby się upewnić, że dobrze zapamiętałem nazwisko, które wymienił Paweł. Sadecki także wyszedł z gabinetu Jarockiego i przechodzi obok mnie. Mogę więc zadać mu pytanie:"Czy Marcin Wlazło pracuje w tej firmie?"
"Zadzwonił dziś rano i powiedział, że boli go głowa.", spojrzałem uważnie na twarz Sadeckiego. Magda także popatrzyła z zainteresowaniem w jego oblicze.
"Jest prawdopodobnie w domu, Paweł. Dlaczego pytasz?", odpowiedziałem zgodnie z sugestią Sadeckiego. Głos Pawła mówi w słuchawce:"Ten krawat, który Lita von Hohenstein trzymała w dłoni na fotelu śmierci, należy do Marcina Wlazło.", poinformował mnie detektyw zagadkowym głosem. Nasz następny krok był oczywisty, musimy złożyć niezapowiedzianą wizytę w mieszkaniu Marcina Wlazło, aby wyjaśnić sprawę krawatu w ręku zmarłej Lity. Zapytałem Magdę o adres Marcina i poprosiłem Pawła, abyśmy spotkali się w mieszkaniu Marcina. Chciałem oficjalnie pożegnać się z Jarockim, dlatego wstąpiłem ponownie do jego biura.

"Muszę uciekać, panie prezesie, miło mi się z panem gawędziło.", trułem w żywe oczy prezesa. Dodałem szybko na odchodnego:"W pięknym budynku pracujecie, prezesie?", i to był mój błąd. Prezes zaczął mi opowiadać historię budynku:"Niewątpliwie panie mecenasie, niewątpliwie tak jest. Budynek powstał w latach 1931 do 1934. Projektantem był Marcin Weinfeld, a konstrukcję zaprojektował Stefan Bryła. Jest to, panie mecenasie, symbol nowoczesnej Warszawy właśnie tutaj, przy placu Napoleona. Budynek liczy sobie 66 metrów i ma 17 kondygnacji. Jak pewnie pan zauważył, panie Jarosz, budynek prezentuje czysty funkcjonalizm, prostopadłościan wzbogacają jedynie proste, zgeometryzowane pilastry oraz uskokowe zwężenia górnych pięter. Do budynku zużyto 2 mln cegieł pustakowych, 2 tys. ton cementu, 1500 ton stali. Czy mam opowiadać dalej?", zapytał Jarocki, z czego bardzo się ucieszyłem, ponieważ mogłem wywinąć się ze szponów prezesa i pojechać do mieszkania Wlazło, gdzie czeka już na mnie Paweł. "Niestety muszę lecieć, prezesie. Następnym, razem chętnie wysłucham więcej informacji o tym budynku. Do widzenia, prezesie", powiedziałem, wycofując się w miarę szybko, tak jak to było tylko możliwe w ciasnej przestrzeni biura Jarockiego i podłączonego do biura sekretariatu, aby szybko uciec z objęć

Jarockiego. Prezes już do moich pleców słodko wykrzyknął:"Zawsze do usług, panie mecenasie, zawsze do usług.", powiedział Jarocki z jego oślizgłym uśmieszkiem na ustach, czego nie widziałem, a tylko się domyśliłem, znając już dość dobrze charakter tego, w gruncie rzeczy, nieprzyjemnego typa.
Paweł czekał na mnie przed kamienicą, w której mieszkał Marcin Wlazło. Mieszkanie było na parterze, także nasze pukanie do drzwi nastąpiło zaledwie kilka sekund po wkroczeniu do klatki schodowej. Drzwi szybko otworzył Marcin.
"Dzień dobry, panie Marcinie", zagaił Paweł.
"Chcielibyśmy zadać panu kilka pytań", dodał Paweł.
"Oczywiście, zapraszam", ciekawym głosem odpowiedział Marcin, wpuszczając nas do środka jego niewielkiego mieszkanka.
"Panie Marcinie, zamordowana Lita von Hohenstein miała w ręku pana krawat w czasie śmierci, jak pan może to wytłumaczyć?", zadałem pierwsze pytanie Marcinowi.
"Nie mam pojęcia, skąd ona wzięła mój krawat. Czyż nie rozumiecie, że kiedy facet nieco wypije..." Paweł przerywa mu mocnym głosem:"Potwierdza pan, że Lita była w pana mieszkaniu wczoraj wieczorem i wyszła stąd nieco przed jedenastą?", pyta Paweł, który znalazł dla siebie miejsce na podłokietniku fotela Marcina. I stoję obok Wlazło.

"Nie byłem w jej domu", pośpiesznie reaguje Wlazło lekko podniesionym głosem i dodaje:"Lita, miała coś innego do roboty".
"Na przykład co takiego?", pyta Paweł.
"Nie jestem pewien. Kilka godzin wcześniej poprosiła mnie, abym zadzwonił do żony Jakuba Chmiela i zapytał się, czy Jakub wyjechał do Gdańska.", rzeczowo odpowiedział Marcin, i dodał:"Nieco później zadzwonił do niej pan Sadecki i o coś ją zapytał."
"Dlaczego chciała wiedzieć, czy Chmiel wyjechał z Warszawy?", pytam spokojnie Marcina.
"To i dla mnie jest zagadką. Jakkolwiek powiedziała, że nadszedł już czas, aby naprawić samochód Chmiela." Nie wiedziałem, co to może oznaczać dlatego powiedziałem do Pawła:"To na tyle Paweł, zabierz pana Wlazło na policję. Potrzebujemy go w roli świadka."
"Jak ja mam to wyjaśnić, no ten krawat. Ponownie, musicie mi uwierzyć. Wczoraj wieczorem miałem na sobie brązowy krawat, a nie czerwony. Ten sam, który noszę teraz." Wcisło dłonią pokazuje krawat. Do akcji wkracza Paweł:"To był czerwony krawat z małą figurką odciśniętą na nim."
"Nie mam takiego krawatu.", pospiesznie odpowiada zdenerwowany Marcin, ale po chwili coś sobie przypomina:"Chwileczkę panowie...", Marcin podchodzi do szafy i przygląda się

swoim krawatom. Wyciąga wieszak z zawieszonymi krawatami.

"Czy ta figurynka była jakby szara?", pyta Marcin.

"Tak właśnie, była szara", szybko odpowiada Paweł. Marcin milczy przez kilka sekund, po czym oznajmia:"Jest to jeden z krawatów, który trzymam w biurze. To na pewno to. Wiecie panowie, jest to krawat, który mogę założyć, jeżeli wydarzyłoby się coś specjalnego i nieoczekiwanego. Jakaś kobitka, rozumiemy się, mam nadzieję", rozdmuchuje wątpliwości Marcin w sprawie jego ewentualnego udziału w morderstwie Lity.

"W biurze, gdzie każdy miał do niego dostęp", potwierdziłem niejako teorię Marcina dotyczącą jego krawatu w dłoni zamordowanej Lity.

"Tak właśnie, dosłownie każdy", szybko dodał Marcin, wyczuwając w moim głosie sympatię dla jego wyjaśnień. Marcin się reflektuje i dalej wyjaśnia:"Właściwie to nie, ponieważ kilka miesięcy temu Jakub rozlał zupę, tak to musi być przyczyna, po tym, jak pożyczyłem krawat Chmielowi." Rozluźniony Marcin do końca wyjaśnił sprawę jego czerwonego krawata z szarą figurynką w tle.

Następny krok był oczywisty, muszę porozmawiać z Jakubem Chmiel i wyciągnąć z niego informacje potwierdzające lub zaprzeczające rewelacją Marcina Wlazło.

Wsiadłem w samochód i skierowałem się w stronę Konstancina. Drzwi do domu państwa Chmiel otworzyła Lucyna. Jej zdenerwowanie było widoczne na kilka kilometrów. Była roztrzęsiona i jednocześnie zagubiona. Szukała ratunku, wyjścia z jej trudnej sytuacji, ale jej upór czy nie pełne zrozumienie problemu nie pozwoliło jej na pełne otwarcie, albo choćby na częściowe otwarcie, bez owijania w bawełnę, z ręką na sercu przekazanie mi całkowitej, niezaprzeczalnej prawdy, prosto z mostu.
"Lucyna, muszę porozmawiać z Jakubem. Wszystko wskazuje, że to on miał coś wspólnego z morderstwem Lity.", niemalże z krzykiem wypowiedziałem te słowa, próbując dostać się na pierwsze piętro domu. Lucyna trzymała mnie mocno za barki, nie pozwalając mi na dalszy ruch. Byłem zły, chciałem jej pomóc, ale Lucyna nie była zainteresowana udzielaniem jej pomocy. Twarz jej nabrała rumieńców jak u szesnastolatki na randce z przystojnym chłopakiem. Była niewiarygodnie aktywna, broniąca jej mienia jak lwica broni jej małe pociechy. Jej małżeństwo było fikcją, pomimo tego Lucyna czuła potrzebę obrony jej niewdzięcznego męża, stawiała przede mną wysoką tamę, zaporę nie do przebycia dla umiarkowanego człowieka.
"Jeżeli chcesz, abym pomógł twojemu mężowi, zanim zjawi się policja...". Przepychałem się

bliżej schodów, kiedy niespodziewanie pojawił się Jakub. Schodził w dół z napiętą twarzą boksera tuż przed rozstrzygającą walką. Lucyna dalej trzymała mnie w jej pazurach. Była szalona i zmotywowana na walkę do końca. Tylko jakiego końca? Tego nie wiedziała, walczyła powołana instynktem kobiecej lojalności, czegoś, na co Jakub całkowicie nie zasługiwał.

"Bob, nie wiem, czego chcę, potrzebne jest mi czas na przemyślenie całej sprawy.", wykrzyczała ze związanym gardłem Lucyna. Jakub dotarł na półpiętro i natychmiast reaguje na zachowanie żony:"Lucyna przestań to pochlipywanie, to marne szlochanie siostry zakonnej. Nie musisz udawać lojalnej żony.", wyrzucił z siebie zdesperowany księgowy. Kołnierzyk jego koszuli był rozpięty, a sam Jakub wyglądał jak pijany majtek przy barze w nowym porcie. Trzymał się uporczywie, wręcz obsesyjnie poręczy schodów. Nie wyglądał zdrowo, a psycholog mógł go uznać za osobę niezrównoważoną.

"Panie Chmiel, ostatniej nocy odwiedził pan Lite von Hohenstein, prawda?", zapytałem chwiejącego się fizycznie i duchowo buchaltera. Twarz Jakuba nabiera jeszcze mocniejszych kolorów. Jest purpurowa z gniewu i nieukrywanej nienawiści.

"Okłamała mnie.", charkotliwym i zgrzytliwym

z bólu głosem stwierdził mąż Lucyny.
"Lita coś planowała przeciwko panu. Chciała panu przysporzyć kłopotów? Czy tak?", pytam już nie tak jak zwykle spokojnym głosem Jakuba. Jest mi żal Lucyny, a nie tego żałosnego fircyka, który próbował pod koniec życia znaleźć raj na ziemi w objęciach niemieckiej kobiety bez skrupułów, bez zwykłej ludzkiej godności, podobnie jak i on.
"Obiecała, że spotka się ze mną w Gdańsku. Oszukała mnie, kłamała jak najęta. Kupiłem nawet nową marynarkę. Powiedziałem jej o rzeczach, o których nikomu wcześniej nie mówiłem." Twarz i sylweta Jakuba wykręca się w spazmowej udręce piekieł, na którą księgowy na pewno zasługuje. Jest żałosny i jednocześnie błagający o litość. Ten sześćdziesięcioletni mężczyzna zachowuje się jak dwuletni chłopiec w żłobku, kiedy odebrano mu cukierek. Napawa to mnie obrzydzeniem, ale dobre humanitarne instynkty zwyciężają i pytam dalej spokojnym tonem:"Sądził pan, że Lita troszczy się o pana, że jest panem zainteresowana, być może nawet pana kocha. Co Lita takiego zrobiła, wyśmiała pana?"
"Nie dałem jej nawet takiej szansy. Spała w fotelu, ale drzwi do domu zostawiła otwarte. Nie mogłem się powstrzymać. Lucyna, ona mnie okłamała. Podniosłem popielniczkę ze stolika obok fotela i uderzyłem ją. Nie mogłem się

zatrzymać. Uderzyłem ją raz i drugi raz, i trzeci raz.", Jakub wykonuje gwałtowne ruchy ramionami przypominające uderzenia popielniczka Lity.
Niespodziewanie za nami zjawia się głos:"To jest bardzo interesujące, to co pan mówi, wyjaśnia wiele zagadnień w tym morderstwie." Jest głos detektywa komisariatu w Konstancinie, Dobromira Abramowicza. Znanego mi dobrze policjanta z wieloma sukcesami na koncie. Jest starszym człowiek, bliskim emerytury, ale w dalszym ciągu traktuje swój zawód bardzo poważnie i skrupulatnie. Nie daje szansy na znalezienie jakichś uchybień w procedurach policyjnych. Reaguje dość gwałtownie:"Narusza pan prawo, panie Abramowicz, jest pan na obcym terenie."
"Spokojnie panie mecenasie, Jarosz. Mam nakaz aresztowania w mojej wewnętrznej kieszeni marynarki.", rzeczowo wyjaśnia detektyw.
Odwracam głowę w stronę Jakuba:"Panie Chmiel, zdaje pan sobie sprawę, że wszystko, co mi pan powiedział, mogło znaleźć się w uchu detektywa Abramowicza."
"Jakież to ma znaczenie", rozpaczliwym głosem mówi Chmiel." Muszę to powiedzieć panie mecenasie, zabiłem ją, tak właśnie ja, zabiłem ją, po czym włożyłem krawat do jej dłoni. Zawsze bawiła się krawatami, jakby to był męski członek. To był krawat Marcina Wlazło.",

zakończył swoje przemówienie i przyznanie się do winy księgowy Chmiel.

"Panie Chmiel, dziękuję za wyjaśnienie sprawy. Chciałbym pana zabrać na posterunek, aby pan złożył oficjalne zeznania', dodał Abramowicz. "Nie sądzę, aby to była konieczne.", dodałem swoje prawnicze doświadczenie do tej tradycyjnej gry policji i adwokatów."

"Szkoda, że nie skontaktował się pan z nami wcześniej, mecenasie. W momencie, kiedy księgowy Chmiel uderzył Litę von Hohenstein kryształową popielniczką Lita już nie żyła, od mniej więcej, pół godziny. Lekarz znalazł kulę w jej sercu." Zarówno ja, jak i Jakub jesteśmy zdziwieni tę informacją. Jest to wiadomość nieoczekiwana i wręcz szokująca. Detektyw kontynuuje cichym głosem:"Nakaz aresztowania, jaki posiadam, dotyczy pani Chmiel, za popełnienie morderstwa." Detektyw wręcza mi oficjalny dokument prawny, kiedy Jakub Chmiel mdleje i ląduje na schodach twarzą w dół. Podbiegam do Jakuba i sprawdzam jego puls, księgowy nie zmarł na gwałtowny atak serca, tylko po prostu zemdlał z wrażenia, kiedy dowiedział się o aresztowaniu jego żony.

Lucyna oczywiście nie stawiała żadnego oporu. Jakub doszedł do siebie po kilku minutach. Wydaje się, że jego omdlenie było całkowicie naturalne, co jest tym dziwniejsze, że Chmiel nie kocha jego żony, a był zadurzony po uszy w zmarłej Licie. Tego typu ludzkie motywy i reakcje są trudne do wytłumaczenia. Jak można kogoś nienawidzić i jednocześnie troszczyć się o jej dobro? Jest to zagadka na rozum Dostojewskiego.

Detektyw zabrał Lucynę na posterunek, gdzie oficjalnie poinformowano ją o zarzutach. Jest oskarżona o morderstwo Lity von Hohenstein. Pojechałem za samochodem policyjnym na posterunek. Lucyna została zamknięta w tymczasowej celi posterunku. Po kilku sugestywnych posunięciach udało mi się uzyskać zgodę na rozmowę z oskarżoną. Usiadłem na małym, drewnianym taborecie, a Lucyna krążyła po celi jak zraniona matka po utracie dziecka. Była, oczywiście, bardzo zaniepokojona, nie wiedziała co ją czeka. Podzielałem te niepokoje, ponieważ i ja nie wiedziałam, co tak naprawdę się wydarzyło w domu Lity. Lucyna opowiedziała mi jej przebieg wydarzeń. Na koniec podeszła do mnie i powiedziała:"Otóż, to jest wszystko Bob, wszystko, co mam do powiedzenia." Głowa Lucyny zawieszona jest we mgle, wzrok krąży po cementowej podłoże celi, głos Lucyny jest słaby i zrezygnowany. Lucyna usiadła na drugim taborecie znajdującym się w celi, zgasiła papierosa w popielniczce znajdującej się na umywalce i czekała na moją reakcję. Lucyna

zdecydowała się raz jeszcze powiedzieć jej wersję wydarzeń. Słuchałem bardzo uważnie. Być może uda mi się zauważyć różnice w obydwu wersjach monologów Lucyny.
"Tak, byłam w domu Lity, ale byłam tam tylko przez około 20 minut. To było kilka minut po jedenastej wieczorem."
"Kiedy Lita zadzwoniła do ciebie?"
"To było kilka godzin po tym, jak opuściłeś mój dom." Twarz Lucyny jest wykrzywiona w dziwnym w grymasie, ale odpowiedzi jej są składne i wymierzone. Lucyna dodaje:"Lita powiedziała, że jest coś bardzo ważnego do natychmiastowego omówienia, i musimy porozmawiać w cztery oczy, ona i ja. Lita mieszka, mieszkała, zaledwie kilka minut od mojego domu, to..." Przerywam Lucynie pytaniem:"Czy Lita powiedziała ci, że także dostaje telefony z pogróżkami?" Lucyna patrzy mi prosto w oczy i odpowiada:"Nie wierzyłam w te pogróżki wtedy i nie wierzę teraz." Przyznałem Lucynie rację spokojnym: "Tak, dobrze. Lita nie chciała tylko rozmawiać o szantażu, ale także o czymś innym, czy tak?"
"Nie tylko. Powiedziała mi, że Jakub będzie miał problemy z jakimiś pieniędzmi. Nie wiedziała, co Ludwik Sadecki z tym zrobi, ale może to być coś bardzo poważnego. Powiedziała, że tylko ona może wyciągnąć Jakuba z tych kłopotów, ale Jakub musi zwolnic

się z pracy, a my, obydwoje, Jakub i ja, musimy wyprowadzić się z Konstancina, jak najdalej to jest możliwe. Tym samym przyznalibyśmy się do organizowania czegoś kryminalnego. Jaki dodatkowy dowód musiałabym dostarczyć, że to ona była w coś zamieszana, a nie my."
"I powiedziałaś jej to? I wtedy Lita wyciągnęła jej pistolet?"
"Lita straciła poczucie humoru, wpadła w nerwy, była wściekła, zaczęła mi grozić, wspominać jakieś głupoty, jakie trzymała w jej biurku."
"Ta mała głupota to był jej pistolet, który ją zabił. Lucyna, twoje odciski palców są na pistolecie?" próbowałem uzyskać więcej informacji od oburzonej na wspomnienie spotkania z Litą, Lucyny.
"Bob, wyrastałam w towarzystwie kilku braci, niełatwo jest mnie przestraszyć, powiedziałam Licie, że powinna dostać klapsa za jej groźby, albo może nawet coś poważniejszego. Po prostu odebrałam jej pistolet z rąk, rzuciłam na biurko i opuściłam dom, dlatego moje odciski są na pistolecie.", rzeczowo udokumentowała zdarzenie Lucyna spokojniejszym głosem.
"No cóż, byłoby znacznie lepiej, gdybyś powiedziała mi o tym następnego dnia." Lucyna usłyszała żal w moim głosie z powodu braku zaufania do mnie, jej w końcu przyjaciela. Szybko mówi:"Jak mogłam ci to opowiedzieć. Wróciłam do domu samochodem. Światła się

świeciły. Wysiadłam z samochodu i wybrałam się na mały spacer. Po drodze spotkałam Dorotę, moją dobrą sąsiadkę, to sobie pogadaliśmy. O pierwszej nad ranem dotarłam do domu. Sądziłam, że Jakub spał i wtedy usłyszałam zbliżający się samochód." Twarz Lucyny się staje gorzką cytryną. "Co mogłam myśleć o tym, co się wydarzyło o poranku, kiedy się obudziłam. Nie mogłam przypuszczać, że Jakub zabierze samochód po tym, jak ja nim jeździłam, pojedzie do Lity i ją zamorduje." Głos Lucyny ponownie przykrywa szlochanie i wycieranie nosa.

"Może Jakub był czymś sprowokowany, dlatego zrobił to, co zrobił.", pytam siebie i Lucyny w tym samym czasie. Policja, jak wiesz, sprawdziła jego zeznania. Jakub wpadł na drinka do baru, gdzie był zauważony... nie jest to niezgodne z prawem zabić kogoś, kto już od pewnego czasu nie żyje." Lucyna robi niewierzącą twarz i pyta wprost:"Bob, próbujesz w jakiś sposób wytłumaczyć Jakuba, czy tak?"
"Chce znaleźć przyczynę tak wielu pomyłek, jakie popełniłaś.", odpowiadam wyciszonym głosem.

"Już nigdy więcej." Lucyna zaczyna płakać, chowając twarz w dłoniach. Zza ukrytej twarzy słyszę błagający głos Lucyny:"Bob, musisz mi pomóc, jesteś w końcu moim przyjacielem." Niewątpliwie uważam się za przyjaciela tej zagubionej i zatrwożonej kobiety. Przyjaciół poznaje się w biedzie, zawsze mi to powtarzała moja matka. Zgadzam się z tym starym powiedzeniem. Będę jej obrońcą i spróbuje ją wyciągnąć z tarapatów.

Sprawa Lucyny trafiła na wokandę bardzo szybko. Mieliśmy tylko niespełna dwa tygodnie na przygotowanie obrony mojej przyjaciółki, żony Jakuba Chmiela. Zaangażowałem Pawła na pełen etat, a i Wanda pomagała jak tylko mogła. Rozprawa rozpoczęła się w poniedziałek o godzinie 10 rano. Sędzią prowadzącym był Mariusz Spychalski znany mi dobrze z poprzednich naszych potyczek. Nie był do mnie nastawiony wrogo, ale też nie obdarzał mnie specjalnymi względami. Trzymaliśmy się na dystans wygodny dla nas obydwu. Spychalski był w dostojnym wieku, bardzo blisko emerytury, z dużą przednią łysiną, prostym, długim nosem, i zbyt dużymi uszami jak na rozmiar jego głowy. Pierwszą pozwaną była Magda, sekretarka w Prudenszjalu. Jakub Chmiel siedział rozgorączkowany, nie wiedząc, czego może się spodziewać. Ręka jego myła twarz z nieistniejącego brudu. Nie mógł zmyć jego grzechów jednym ruchem dłoni po twarzy, ale próbował. Dłoń księgowego kilka razy, z prawa na lewo, przebiega jego wylęknione oblicze. Wice prezes Rogalski ma także bardzo zaniepokojoną twarz. Wykonuje ruchy podobne do ruchów Jakuba tyle, że wyciszone. Niepokój jest jednakże widoczny na jego twarzy. Jakub nie jest pierwszym świadkiem w tej rozprawie. Mój dobry przyjaciel, prokurator Raczek, jest podstawowym oskarżycielem. Jesteśmy zaprzyjaźnieni poza salą sądową. W sądzie sytuacja wygląda inaczej, jesteśmy konkurentami. Raczek jak dotychczas nie miał ze mną łatwego chleba do zgryzienia. Przegrał wszystkie rozprawy, w jakich obydwoje uczestniczyliśmy. Te przegrane ciążyły mu na jego duszy. Wiedziałem, że mnie lubi i, przede wszystkim respektuje jako prawnika, ale porażki wypalały mu dziurę w jego prokuratorskiej głowie. Rozmawialiśmy na ten temat wiele razy, kiedy byliśmy wspólnie na rybach, ale to go nie uspokoiło. Chciał wygranej. Był mężczyzną w sile wieku, tuż po sześćdziesiątce, i chciał zakończyć jego karierę z fanfarami, zwycięstwem nad Jaroszem, ale nie tak prędko mój przyjacielu. Mam do uratowania życie biednej, zagubionej kobiety. Może następnym razem Raczek, poczekaj jeszcze jakiś czas. Raczek pozwał Magdę na świadka, była pierwsza na długiej liście zeznających. Magda zaskoczyła nas jej ubiorem. Założyła szal z norek o pokaźnych rozmiarach zakrywający jej plecy aż do linii tali. Dwa rzędy pereł zawisły na jej uroczej szyi i jedwabna bluzka była widoczna spod szala. Takie rzeczy kosztują

majątek. Skąd Magda, na pensji sekretarki, może sobie pozwolić na taki ekstrawagancki przepych? Pytanie zadaje Raczek:"Kiedy Lucyna Chmiel zjawiła się nieoczekiwanie w biurze męża, co wtedy oskarżona pani odpowiedziała, kiedy dowiedziała się, że jej mąż jest bardzo zajęty w gabinecie Lity von Hohenstein?"
"Odpowiedziała mi, to małe uliczne kociątko, i inne obraźliwe słowa, których nie pamiętam. Panie prokuratorze, wszyscy wiedzieliśmy, jak Lucyna nienawidzi Lity i wice versa. Lita odebrała Lucynie jej stanowisko." Lucyna obserwuje Magdę bardzo uważnie, zastanawiając się co też to ładne kaczątko o małym, i pustym móżdżku może jeszcze powiedzieć prokuratorowi.
Raczek, jego zwyczajem, nie stoi w miejscu, ale robi kółeczko przed nosem Magdy. Sędzia przygląda mu się z zainteresowaniem, zastanawiając się, jaki jest cel w tych kółeczkach prokuratora Raczka. Nie ma żadnego, tylko w głowie wyjaśniam sędziemu Spychalskiemu. Raczek lepiej myśli, kiedy się porusza i to tyle. Tak mi powiedział, kiedy łapaliśmy ryby.
Nie pozostało mi nic innego tylko wykrzyknąć "sprzeciw, wysoki sądzie, spekulacje."
"Podtrzymuję", odpowiedział sędzia. Raczek pyta dalej:"Pani Magdo, proponuję, abyśmy

przeszli do późniejszych godzin tego dnia, a właściwie nocy. Czy miała pani okazję skontaktowania się ze zmarłą tej nocy?"
"Tak, miałam taką okazję, panie prokuratorze. Odebrałam ten wariacki telefon od pana Jakuba Chmiel dotyczący pieniędzy w biurze. Miałam randkę tego wieczora, pomyślałam więc, że lepiej będzie, jeżeli skontaktuję się z Litą i powiem jej o telefonie od księgowego." Raczek niegrzecznie stoi odwrócony plecami do Magdy, a ta, zawiesza głos na jego ramieniu. Jakub zaczyna się pocić, ponownie obciera kilka kropel wilgoci z jego zmarszczonego czoła.
"Tak więc pani faktycznie zadzwoniła do nieboszczki?', pyta dociekliwie Raczek.
"Tak. O godzinie 23:15, aby być dokładną. Lita powiedziała mi, że jest zbyt zajęta, aby ze mną rozmawiać. Następnie usłyszałam inny kobiecy głos, jej, to znaczy oskarżonej krzyczącej 'odłóż tę słuchawkę', a Lita odpowiedziała 'to ja wydaję tu rozkazy, moja droga', 'o nie, ty nie wydajesz tu rozkazów, odpowiedziała głośno Lucyna', następnie usłyszałam, naprawdę głośne odgłosy walki, bardzo głośne w mojej słuchawce."
Notuję krótkie zdanie na małej kartce papiery i wręczam papier Wandzie, która jak zwykle, towarzyszy mi na sali sądowej. Pomiędzy nami siedzi oczywiście Lucyna, oskarżona w tej sprawie o morderstwo. Wanda odbiera notatkę z zaciekawieniem. Nie jest to pierwszy raz, kiedy

proszę Wandę o natychmiastowe sprawdzenie jakiegoś faktu, czy też plotki.
Uważnie przyglądam się Magdzie i Raczkowi. Wydaje się, że dobrze się rozumieją, tak jakby byli umówieni na pytania i odpowiedzi. Może to tylko być moja nadmierna, w tym momencie, wyobraźnia. Raczek kończy jego przesłuchanie zwięzłym:" Dziękuję, pani Magda, to wszystko." Przez kilka sekund na sali panuje cisza, nie chcę użyć określenia grobowa, ale tak właśnie było, grobowo. Nie dało się usłyszeć nawet wyciszonego oddechu widowni i innych gapiów obserwujących tę rozprawę. Sędzia przypomina mi o mojej roli w tym procesie i pytająco, niemalże szepcze:" Panie mecenasie, pana kolej." Sędzia rzuca przenikliwe spojrzenie na moją twarz, a ja odpowiadam; "nie mam pytań, wysoki sądzie." Raczek donośnym głosem wzywa następnego świadka:"Wzywam pana Marczak do mównicy dla świadków." Wanda zgodnie z instrukcją otrzymaną w notatce wstaje z miejsca, obchodzi stół, zbliża się do mnie i zaczyna szeptać do mojego ucha. Magda jest tuż, tuż za Wandą, kiedy ta gwałtownie się obraca i zderza się z Magdą. Magda przygląda się Wandzie za zdziwieniem , ale po krótkim "Och, przepraszam", od Wandy, odchodzi na jej miejsce na sali rozpraw. Wanda wychodzi z sali na korytarz, a wzrok Magdy ciągle za nią podąża. Marcin Wlazło siedzi obok

Magdy i on kieruje jego wzrok na wychodzącą z sali Wandę. Paweł, który siedzi w ostatnim rzędzie sali rozpraw rusza w stronę drzwi. Nowy świadek składa przysięgę:"Proszę podnieść prawą rękę. Czy powie pan prawdę i tylko prawdę?"

Wanda opiera się na ścianie korytarza, a Paweł nachyla się nad nią. Paweł jest wysokim mężczyzną, więc dominuje nad bardzo kobiecym ciałem Wandy. Paweł stawia pytanie:"O co tu chodzi?" Wanda spokojnie odpowiada:"Bob, chciał, abym sprawdziła, czy to, co nosi na sobie Magda to prawdziwe norki. To są prawdziwe norki.", zakończyła niskim tonem Wanda.

"Sekretarka i maszynistka w księgowości, aha, to jest ciekawe.", spuentował wydarzenie detektyw. Wanda potwierdza skinieniem głowy. "I ją też trzeba będzie sprawdzić.", ostrzega Paweł.

"Właśnie, że tak. Trzeba sprawdzić.", zgodziła się z Pawłem Wanda.

"Do widzenia moja piękności.", powiedział Paweł, jego zwyczajem, a Wanda reaguje jej uwodzicielskim grymasem ust. Paweł uwielbia Wandę, gdyby nie była ze mną, byłaby zapewne z nim. Tak marzy sobie Paweł, ale nie jestem tego pewien czy jego marzenia, to tylko mrzonki, fatamorgana kawalera, który miał wiele kobiet, ale nie spotkał jeszcze tej jedynej, tej na całe życie. Wątpię jednakże, czy Paweł naprawdę chce zakotwiczyć jego los z losem tylko jednej kobiety? Nie wydaje mi się to prawdopodobne. Paweł, być może, tego nie wie, chce jak wszyscy kochać tylko jedną kobietę, kobietę jego życia. Tylko kto to jest, dla uwodziciela i łamacza damskich serc, kobieta na całe życie?

Księgowy Chmiel wydostał się z sali rozpraw i zagadnął Wandę:"Proszę pani, proszę powiedzieć panu Jarosz, żeby natychmiast dał mi znać, jak tylko moja żona czegoś potrzebuje. Czy pani zrozumiała?", przerywanym głosem pyta Jakub.

"Obawiam się, że nie.", odpowiada spokojnie Wanda.

"Mecenas musi wystawić jakiś rachunek. Powiedz mu, jeżeli jest coś do zrobienia, dosłownie cokolwiek, będę szczęśliwy tym się zająć, chcę pomóc mojej żonie.", apelował o łaskę buchalter Chmiel. Brzmiało to dziwnie w ustach mężczyzny, który zaledwie kilka chwil temu chciał ją porzucić dla tej zgrabnej Niemki z Gdańska. Głębia ludzkiej duszy jest niezbadana. Nie jest to nic nowego, wyświechtany truizm, ale jednak prawdziwy w wielu okolicznościach codzienności. Życie państwa Chmiel pełne było zgrzytów i zatarć, a jednak Jakub, w godzinie prawdy, zdobył się na gest człowieczeństwa. Wykrzesał z siebie iskierkę ludzkiej godności, człowieczeństwa bez barier i granic. Ich tragiczny związek jest rezultatem ich tragicznych życiorysów. Jakub musiał to wiedzieć i stąd ten gest anielskiej dobroci. Chmiel dalej przekonywał Wandę:"Mam trochę oszczędności, to mogę zapłacić.", zakończył buchalter z nadzieją w oczach. Wanda spojrzała na niego przychylnie i krótko odpowiedziała:"Zobaczę, co da się zrobić, panie Chmiel." Obydwoje ponownie znaleźli się na sali rozpraw, gdzie Raczek właśnie skończył przesłuchanie kierowcy ciężarówki. Teraz jest moja kolej na zadawanie pytań. Podchodzę do świadka i pytam:"Powiedział pan, prokuratorowi, że rozpoznał pan Jakuba Chmiel, kiedy wychodził z domu Lity von Hohenstein i przeszedł obok pana. W tym czasie reperował pan swoją ciężarówkę w świetle nocy, było ciemno, czy tak?"

"Prawie na mnie wpadł, to pan miał na myśli. Oczywiście musiałem go zauważyć, ponieważ parkowałem na jedynej drodze wylotowej.", dodał kierowca.

"Tak, oczywiście. Zapoznał pan się z pisemnym oświadczeniem męża oskarżonej przedstawionym wcześniej przez oskarżyciela, aby wyjaśnić sprawę. Usłyszał pan, oświadczenie pana Chmiel, w którym stwierdził, że przyjechał tym samym samochodem, w

którym dotarł do domu zmarłej." Kierowca basem odpowiada:"Tak właśnie było." Nie jest to jego sprawa, nie ma w tej grze swojego konia, dlatego też traktuje tę rozprawę jak zabawę, bez uczuć a tylko dla rozrywki. Kierowca bez mojego pytania dodaje:"Słyszałem także, że był w domu zamordowanej tylko przez kilka minut. Niech pan posłucha mecenasie. W momencie, kiedy moja ciężarówka odmówiła posłuszeństwa, harowałem przez solidne pół godziny, raniąc moje palce, aby ją naprawić. W tym czasie żaden powtarzam żaden, samochód mnie nie minął, w obydwu kierunkach." Kierowca ciężarówki to mężczyzna po pięćdziesiątce, o dużej budowie ciała i donośnym głosie. Kiedy udzielił mi tego wyjaśnienia, był zły, nie wiem na kogo lub na co, ale nie pasowało mu siedzenie w sali rozpraw zamiast rozwożenia jego warzyw. Ciężarowiec jeszcze mocniejszym głosem dopowiedział:"Tylko jeden samochód mnie miał, to tyle." Kierowca wziął głęboki oddech i już wymierzonym tonem stwierdził:"Następnie wspiąłem się do kabiny ciężarówki i zafundowałem sobie małą drzemkę." Pytałem dalej, nie zwracając uwagi na nieskoordynowane humorki kierowcy.
"Czyli pana zdaniem, krótka wizyta pana Chmiel w domu zmarłej, miała miejsce po tym, jak pan zasnął? Panie Marczak, skąd pan

wiedział, jak długo pan pracował nad ciężarówką, jeżeli nie miał pan zegarka?", zapytałem mocniejszym głosem, patrząc kierowcy prosto w oczy.

"Po prostu wiem, to tyle. W końcu można znaleźć się pod ciężarówką trzy lub cztery razy, podnośnik się psuje..." Wice prezes Jarocki przysłuchuje się odpowiedziom kierowcy z obojętną twarzą i nawet bez jego naturalnej oślizgłości, jego palec prawej reki, pieści jego dolną wargę. Także twarz Marcina Wlazło jest skupiona, bez emocji, przegląda się kierowcy na zimno, jak galaretka na zbyt dużym talerzu. Nie pozwalam Marczakowi skończyć zdania:"O której godzinie znalazł się pan w miejscu, gdzie ciężarówka odmówiła posłuszeństwa?"

"Wydaje mi się, że skoro jechałem na targ, który zaczyna pracować o pierwszej nad ranem, to...", ponownie przerywam Marczakowi.

"To nie wie pan tak naprawdę, o której godzinie miał pan problem z ciężarówką. Mogła to być 11:30, a może 12, a może 12:30..", kierowca ponownie się gotuje:"Oczywiście, że wiem, sposób, w jaki do tego doszedłem..." raz jeszcze brutalnie przerywam kierowcy ciężarówki:"Jeżeli był pan tak blisko domu, dlaczego nie zadzwonił pan po pomoc z tego domu?"

"Bo, po co. Wydać 10 złotych, aby zaoszczędzić pięć. Niech pan posłucha..." Nie pozwalam mu

wygłosić jego dysonansu.
"Miałem rację, pan nie wie, o której godzinie ciężarówka się zepsuła. Mogła to być 11:30, 12, czy 12:30. Czy to nie jest faktem?" Mocno pytam nieco skonfundowanego Marczaka, który niespokojnie kręci się na fotelu dla świadków. Kierowca bierze głęboki oddech, wycisza głos, i wreszcie zasmuconym głosem mówi:"Dobrze, panie mecenasie, w tym miejscu ma pan rację, nie wiem dokładnie, kiedy nastąpiła awaria ciężarówki." na sali zapadła cisza. Wanda i Paweł się uśmiechają, wiedząc, że drążę do mojego finałowego rozstrzygnięcia.
Raczek nie daje za wygraną i wzywa następnego świadka. Jest nim niesympatyczny wice prezes Hubert Jarocki. Wezwany zasiada na miejscu dla świadków wolno i dostojnie jak by zasiadał na królewskim tronie. Może ponuremu Jarockiemu coś takiego przebiegło przez jego rdzą pokrytą świadomość. Marzyły mu się piękne i lekkie kobiety oraz dostatek na miarę arabskiego szeika. Nie był nawet blisko jego finansowych aspiracji z wyjątkiem pięknej kobiety. Raczek zaczyna odpytywanie prezesa.
"Dlaczego Lucyna Chmiel zwolniła się z pracy, którą jak rozumiem, bardzo ceniła."
"Lucyna Chmiel poprosiła o zwolnienie jej z firmy, och, około rok temu. Powód, jaki podała to sprawy osobiste.", prezes bawi się jego krawatem, patrzy w sufit, pretenduje, jakby

poważnie traktował jego zeznania. Raczek pochylił się nad podium dla świadków, oparł lewą rękę na solidnej, drewnianej poręczy oplatającej miejsce dla świadków z trzech stron i przygląda się bardzo uważnie wice prezesowi.
"Wszystko wyglądała normalnie w owym czasie, mam na myśli, jej rezygnacja z pracy."
"W owym czasie? Czy zdarzyło się coś istotnego, co rzuciło nowe światło na jej rezygnację?", pyta dociekliwie prokurator.
"Tak właśnie, było coś istotnego, coś nowego, coś, co zmieniło moją percepcję.", dodał wolno Jarocki.
"Lita, mam na myśli zmarłą, poczyniła serię uwag dotyczących wielu nieścisłości, jakie znalazła, przejmując posadę po Lucynie Chmiel. Wie pan, panie prokuratorze, kobiety w interesach, nie zwracałam należytej uwagi na ich zachowanie, aż do dnia śmierci Lity. Zmarła przedstawiła mi szczegółową listę łapówek, cichych awansów..", z sarkazmem opowiadał Jarocki. Nie pozwoliłem mu kontynuować:"Sprzeciw, wysoki sądzie." Sędzia zgodził się z moim sprzeciwem. Raczek zmienia nieco linię pytań.
"Panie prezesie Jarocki, na podstawie pana osobistych obserwacji i pana wiedzy, jaka była Lity von Hohenstein opinia o Lucynie Chmiel?"
"Opinia pełna podejrzeń, gorzkich żalów, tak ją widziała zmarła. Mogę stwierdzić z pełną

odpowiedzialnością, że obydwie panie nienawidziły się do szpiku kości.", Jarecki ciągle bawi się jego krawatem, a Lucyna przygląda mu się przerażona, napięta, wie, że Jarocki nie był jej wielbicielem i powie wszystko, aby ja pogrążyć. Raczek zakończył jego przesłuchanie i zaprasza mnie na dalsze pogaduszki z Jarockim. Prezes rozsiadł się wygodnie w fotelu dla świadków, oparł jego lewe ramię na poręczy fotela i czeka na mnie ze zdradzieckim uśmieszkiem pedała zaraz po stosunku z innym pedałem.
"Mecenasie, pana kolej.", mówi sędzia. Wstaję zza biurka dla obrony i pytam:" Panie Jarocki, czy te oskarżenia, wystosowane w kierunku mojej klientki, noszą wagę aktów kryminalnych?" Jestem blisko Jarockiego, podobnie jak Raczek, także opieram moje lewe ramię na poręczy podium.
"Och, być może nic, aż tak ekstremalnego, jak akt kryminalny.", z ledwo otwartymi oczami odpowiada spokojnie prezes. Pytam dalej:"Czy pana firma straciła jakieś pieniądze w ubiegłym roku?"
"Po prawdzie, to sobie nie przypominam.", odpowiedział prezes a Jakub Chmiel, z triumfem zwycięzcy, pokazuje zęby, uśmiecha się, bo wie, że zrobił znakomitą robotę, nie do wykrycia nawet przez najlepszych ekspertów w dziedzinie księgowości. Pytam dalej:

"Nie przypomina pan sobie, to ciekawe. Czy, w ubiegłym roku, księgi rachunkowe były audytowane?"
"Tak, rewizja ksiąg została zakończona, i muszę przyznać z dumą, że nie znaleziono żadnych nieprawidłowości.", z lekkim, jakby nawet ludzkim uśmieszkiem na jego wąskich, pytońskich wargach, zakończył prezes.
"A jak wyglądała sytuacja w roku ubiegłym, księgi były w należytym porządku?"
"Zgadza się, księgi były w należytym porządku.", pewnie, ze spokojem odpowiada prezes Jarocki. Kierownik Sadecki, natomiast, ma zaciśnięta usta a bardzo dociekliwe spojrzenie jego oczu ląduje na twarzy Jarockiego. Trudno powiedzieć, co oznacza to zagadkowe spojrzenie i wyraz twarzy Sadeckiego, może coś wie, albo czegoś się domyśla, albo po prostu, główkuje i próbuje coś wywęszyć z tej zagadkowej sytuacji. Księgowy Chmiel ma pewną siebie twarz, ale tym razem bez uśmiechu bohatera wszech czasów.
"Czy wydaje się panu prawdopodobne, że Lita von Hohenstein wymyśliła te nieścisłości, aby odsunąć jakiekolwiek podejrzenia od niej samej, a skierować je na Lucynę Chmiel. Podejrzenia o rzecz znacznie istotniejszą, czyli identyfikację osoby zaangażowanej w szantaż, w pańskim biurze?", nieco mocniejszym głosem pytam prezesa. Raczek nie akceptuje tego pytania,

podnosi się z krzesła i krzyczy:" Sprzeciw, wysoki sądzie. Nie było żadnych wskazań, że szantaż będzie tematem tego procesu."
"Obawiam się panie mecenasie, że muszę się przychylić do wniosku oskarżyciela.", powiedział sędzia. Nie zdziwiło mnie to, takiej odpowiedzi oczekiwałem ze strony sędziego z dużym doświadczeniem, bez skłonności stronniczych. Magda była zmieszana. Jej ładna buzia skrzywiła się, a palce prawej ręki zaczęły pieścić, drogie parły zawieszone na jej mistycznej szyi. Perły były tak samo ekskluzywne, jak jej wspaniały, bogaty szal z norek. W dalszym ciągu wyglądała urokliwie i niewinnie jak Święta Magdalena w obliczu pana Jezusa.
"Nie mam więcej pytań, wysoki sądzie.", zareagowałem mocno, ale profesjonalnie, bez niepotrzebnej uciechy dla Raczka. Wróciłem spokojnie za moje biurko, gdzie spotkało mnie uśmiechnięte oblicze Wandy, i zaniepokojone oblicze Lucyny. 'Aby poznać dobro, trzeba stworzyć zło', przeszło mi szybko po głowie. Następnym świadkiem, wezwanym przez Raczka, był kierownik Sadecki. Zajął miejsce na fotelu dla świadków. Nie było po nim widać szczególnego zdenerwowania, on przecież nie ma sobie nic do zarzucenia, wykonuje dobrą robotę dla firmy, i wie, że jest w niej ceniony. Cóż by mogło mu brakować do pełnego

szczęścia? W tym momencie tego nie wiem, ale później wyszło szydło z worka. Sadecki miał jego kamień na duszy, który ciągnął go ku ziemi, znacznie szybciej aniżeli by sobie tego życzył. Raczek zaczął niegrzecznie, pytając Sadeckiego o plotki krążące po biurze. „Jak pan się odniesie do plotek mówiących o szantażu w pana firmie?"
"Nie zajmuję się plotkami, nie za to mi płacą, zajmuje się tylko moją pracą.", bardzo mocno odpowiedział Sadecki, rzucając groźne spojrzenie na prokuratora.
"Chciałbym panu przypomnieć, panie Sadecki, że inni świadkowie potwierdzają te informacje.", nieco podniesionym głosem odpowiedział Raczek, przenosząc jego głowę bliżej twarzy kierownika. Podziałało to, jak zimny prysznic na Sadeckiego, który już nie zareagował na ostre słowa prokuratora. Raczek po sekundowej przerwie, szybko dochodzi do siebie i pyta dalej:"Co Lita von Hohenstein powiedziała panu, rano, na dwa dni przed jej śmiercią?"
"Och, ona, ona powiedziała mi, że powinien o tym wiedzieć, że Jakub, to znaczy księgowy Chmiel, sugerował w jej obecności, że wkrótce przejmie kontrolę nad dużą sumą pieniędzy." Kierownik, kiedy wymienił nazwisko Chmiel, wyciągnął ramię do przodu i wskazał palcem na księgowego. Chmiel czuje się zagubiony. Twarz

jego jeszcze tak niedawno wypełniona radością gwałtownie się skurczyła i nabrała znamiona niewinnej myszki przed oczami głodnego kota. Jest niespokojny, może myśli, że jednak wszystko będzie dobrze, że wyjdzie z tego chaosu bez uszczerbku na jego mieniu, że będzie kontynuował jego losy, niemalże tak jak planował, tyle że bez Lity, ale może z inną, młodą, powabną kobietą o dobrym sercu dla bogacza Chmiela, tak jak myślał o sobie księgowy na sali rozpraw, czuł się bogaczem, panem jego życia po tych straconych latach obrosłych stęchlizną i małością. Przecież nic złego nie zrobił, zabił trupa, a to nie jest przestępstwo, może czuć się usprawiedliwionym z dokonanego czynu pod wpływem emocji szesnastolatka, który zagościł w jego sercu, bez relatywnej przyczyny. Kierownik dodał:"Te pieniądze, które niby miał mieć Jakub, mogą mieć coś wspólnego z jego żoną , ale ja w to absolutnie nie wierzę",

Sadecki spojrzał bardzo ciepło w stronę naszego biurka dla obrońców, a szczególnie na Lucynę, którą obdarzył magicznym uśmiechem osoby zaangażowanej uczuciowo, ja i Wanda, spojrzeliśmy na niego, kiedy on patrzył na Lucynę i coś nam zaświtało w głowach, oni się lubią, to jest kierownik i Lucyna. Była to dla mnie niespodzianka. Spojrzeliśmy na siebie zagadkowo, to znaczy Wanda i ja, zmysłowe

uśmiechy zagościły na naszych ustach.
"No już dobrze, dobrze", uspokajał Sadeckiego Raczek. "Panie mecenasie , pana kolei.", powiedział Raczek, kierując się dostojnie, jak żółw w średnim wieku, ku jego miejscu za biurkiem dla oskarżycieli. Podchodzę do Sadeckiego z przyjaznym nastawieniem, skoro on jest zainteresowany Lucyną, to powinien być dla nas ważnym świadkiem na naszej drodze do uniewinnienia jego ulubienicy.
"Panie Sadecki, zeznał pan, że Lita von Hohenstein wysłała panu wiadomość sugerującą, że pewna suma pieniędzy nie została zdeponowana w banku, czy tak było?", pytam kierownika.
"Zgadza się. Chodzi o 45 tysięcy złotych.", potwierdza jego poprzednie zeznania Sadecki wyważonym głosem, któremu towarzyszy lekkie skinienie głowy i zamknięte na moment powieki.
"Czy tego rodzaju uchybienie mogło skończyć się poważnymi kłopotami dla pana Chmiela?"
"Chmiel, jako księgowym był za to odpowiedzialny, ale..." Szybko stawiam następne pytanie.
"Czy Lita von Hohenstein mogła zamieszać sprawę depozytu i tym samym obwinić za to Chmiela?" Patrzę prosto w oczy Sadeckiego z bliskiej odległości, nie więcej niż 50 centymetrów, nie chcę przegapić jego reakcji na

moje pytanie.
"W takim przypadku, Lita, musiałaby być zamieszana w sprawę tych pieniędzy osobiście i sprokurować to nieporozumienie.", zastanawiająco odpowiedział kierownik i dopowiedział:"Pieniądze były w sejfie, kiedy dotarłem do pracy razem z ochroną. Czyli nie sądzę, aby Lita miała coś z tym wspólnego."
Na twarzy Chmiela ponownie pojawia się uśmieszek tęgiego stratega, co wygrywa wszystkie bitwy i w konsekwencji wojnę.
"Pana zdaniem, czy Lita von Hohenstein mogła być szantażystką?"
"Nie mam pojęcia", odpowiedział mi kierownik, a Jarecki ponownie bawi się krawatem i jego zdradziecki uśmieszek wisi na jego ustach. Prezes czuje, że wygrana jest blisko. Tylko wygrana dla kogo?
"Czy to jest prawdą, że 6 miesięcy po śmierci pana żony, był wielokrotnie zauważony w towarzystwie innych kobiet?", pytanie zaskakuje kierownika, tego się nie spodziewał.
"Moja żona była przez 15 lat inwalidką, panie mecenasie. Zajmowałem się nią, dbałem o nią. Osoba, z która się spotykałem była...tylko dobrą znajomą.", niegrzecznie odpowiedział kierownik, a Lucyna przysłuchiwała się jemu ze spokojem wymalowanym na jej twarzy. Czuła się w tej chwili dobrze, nie myślała o więzieniu za niepopełnione morderstwo, ani o niczym

innym. Myślała tylko o jej relacjach z Sadeckim, o tym, jak było im dobrze ze sobą, o być może lepszej przyszłości z tym stabilnym mężczyzną, który jest nią bardzo zainteresowany. Kierownik kontynuuje z zawieszonym krzykiem na ustach:"Jeżeli myśli pan, że ma to coś wspólnego z szantażem...", przerywa mu Raczek:"Wysoki sądzie, sprawa ta była już poruszana, mam na myśli sprawę szantażu. Ustaliliśmy, że szantaż nie ma nic wspólnego z popełnionym morderstwem przez oskarżoną i ten wątek nie będzie poruszany. Aby zaoszczędzić wysokiemu sądowi czas...", Raczek przerywa. Drzwi sali sądowej się otwierają i do środka wchodzi detektyw, który prowadzi sprawę morderstwa Lity. Podchodzi do prokuratora i próbuje coś mu powiedzieć. Raczek natychmiast reaguje:"Proszę nam wybaczyć, wysoki sądzie." Sala zamiera w oczekiwaniu na jakieś uderzenie pioruna albo przynajmniej ulewny deszcz, ale na razie panuje cisza niewiedzy. Twarz Jareckiego poważnieje, Marcin jest zaniepokojony z jakiegoś powodu, Magda kręci dziwacznie głową. My jesteśmy spokojni, moi współpracownicy wiedzą, co mają robić.

Detektyw szepcze do ucha prokuratora. Zakończył przekazywanie jego informacji, co prowadzi do reakcji Raczka:"Wysoki sądzie, prokuratura odkryła nowy dowód, który w

końcu wyjaśni nam wszystkim, kto i co robił w czasie owych tragicznych wydarzeń."
Ze względu na zaistniałą nową sytuację Raczek powołuje na świadka detektywa Abramowicza. Prokurator patrzy w moją stronę, oczekując ode mnie skinienia głowy potwierdzającego przyzwolenie na przesłuchanie nowego świadka. Lekkim skinieniem głowy sankcjonuję przesłuchanie detektywa. Detektyw zasiada na ławie dla świadków. Raczek, jego zwyczajem, jak i moim, opiera ramię na poręczy miejsca dla świadków i pyta:"Proszę nam wszystkim powiedzieć co nowego wydarzyło się w sprawie o zabójstwo Lity von Hohenstein?" Mina Raczka mówi o nim wszystko, jest zadowolony, czuje, że w końcu, po tylu latach prób będzie na górze, będzie zwycięzcą, pokona sławnego mecenasa Jarosza na sali sądowej. Jest to taka rzadka rzecz, wydarzenie ponad system sądowniczy w Polsce. Jarosz na kolanach, tak mnie widzi Raczek, w jego błyszczących, świecących poświatą nadziei i rozkoszy oczach hegemona, mistrza nad mistrzami. 'Poczekaj Raczek, przyjdzie i moja pora, poczekaj bracie, do twojego zwycięstwa jest jeszcze daleko.' Takie myśli przemknęły przez moją głowę.
"Na zlecenie prokuratury dokonaliśmy szczegółowych przeszukań domu oskarżonej Lucyny Chmiel.", powiedział detektyw i zawiesił wzrok na twarzy zaniepokojonej

Lucyny. Także Raczek odwrócił głowę i rzucił krótkie, zdawkowe spojrzenie na Lucynę, i, jak się wydaje, także na mnie.
"I co pan znalazł, detektywie?", pyta Raczek.
"W kilku miejscach sypialni oskarżonej znaleźliśmy kilka pakietów z gotówką."
Oświadczenie detektywa zmroziło Jakuba. Podniósł się z siedzenia i wlepił wzrok w oblicze detektywa. To było wszystko, co zrobił, a wydawało się, że chce czegoś więcej, obszernej manifestacji jego odczuć, ale siedział cicho. Raczek pyta dalej:"Jaka suma pieniędzy wchodzi w grę, detektywie?"
"201 tysięcy złotych.", detektyw udzielił krótkiej, ale mrożącej krew w żyłach odpowiedzi. Raczek chciał popatrzyć na jego zdobycz z bliskiej odległości, dlatego też stanął przed biurkiem dla obrony, włożył ręce do kieszeni spodni, i groźnie spojrzał na Lucynę. Oskarżona, kiedy usłyszała, o jakie pieniądze tu chodzi, ze zdumienia wyskoczyła z jej krzesła z iskrzącymi oczami niedowierzania. Wanda była także niezmiernie zdumiona. Nie przypuszczała, że w grę wchodzą tak ogromne pieniądze. Niezwykle przejęty tym nowym faktem był kierownik Sadecki. Jego twarz wyrażała ból i zdumienie graniczące z rozpaczą. Magda i Marcin byli nieco podnieceni, ale bez wyraźnych wskazówek na ich twarzach. Jarocki przyjął tę informację obojętnie z jego oślizgłym

uśmieszkiem na wąskich wargach. Ja natomiast spokojnie racjonowałem dowody przedstawione dotychczas w sądzie. Coś jest nie tak. Zdaje się, że wiem co. Potrzebny jest mi dowód, zastawiam pułapkę. Sędzia przerwał przesłuchiwania świadków ze względu na późną porę i zarządził procedowanie sprawy następnego dnia o godzinie 10. Nadszedł czas sprawdzenia moich hipotez.

Wraz z Wandą i Pawłem przygotowałem niewielką niespodziankę dla naszego delikwenta. Znajdujemy się w pierwszej klasy barze niedaleko sądów. Jest z nami Magda, która siedzi odwrócona plecami do sali, a obok niej siedzi Paweł. Ja stoję naprzeciwko Magdy. Kobieta ubrana jest w szal z norek, na szyi wisi jej sznur pereł, blond włosy wybijają się światłem w tym mrocznym barze. Słychać lekki jazz płynący z radia stojącego na jednej z półek baru. Pytam Pawła:"Czy on aby na pewno się tu zjawi?"

"Powinien, jeżeli moje informacje są prawdziwe.", spokojnie odpowiada Paweł pewny jego roli w tym całym zdarzeniu." Pani Magda, tu obecna, zostawiła bardzo niecierpliwą informację dla naszego obiektu zainteresowań.", dopowiedział Paweł, aby upewnić mnie, że nasz czas w tym barze nie pójdzie na marne. Jestem uspokojony. Odchodzę od baru i lekko klepię Magdę po ramieniu mówiąc:"Dziękuje Magda".

Uśmiech zjawia się na mojej twarzy wierzącego w sukces naszej operacji. Podąża za mną Paweł. Zajmujemy dwa krzesła, przy nie zbyt odległym od baru stoliku, trzymając drinki w rękach. Magda pozostaje samotne, czeka na jej randkę, jest spokojna i wewnętrznie uśmiechnięta. Paweł podnosi do góry szklankę z alkoholem i wznosi toast:"Za twoją przyjaciółkę, Lucynę." Uśmiecham się i piję mały łyczek trunku. Paweł zadaje mi kolejne pytanie:"Bob, a co z odciskami palców na pistolecie?"
"Policyjny ekspert przyznał, że niektóre z odcisków są nieczytelne. Próbowałem argumentować w sądzie, że to ktoś inny mógł podnieść pistolet przez chusteczkę do nosa nieco później i oddać strzał.: Nie mogłem dalej wyjaśnić szczegółów mojego myślenia, ponieważ nasza zwierzyna zjawiła się na rykowisku. W drzwiach zjawia się wice prezes Jarocki. Magda siedzi odwrócona tyłem do drzwi wejściowych, to też Jarocki nie może dostrzec jej twarzy. Wypala zaraz po przekroczeniu progu drzwi:"Cóż takiego ważnego mogło się wydarzyć, że dzwonisz bezpośrednio do mojego domu, wiesz jak moja żona...?" Nie jest w dobrym humorze. Wiadomość od Magdy zaniepokoiła prezesa. Nie lubi, kiedy jego kochanka dzwoni do jego domu, gdzie mieszka jego żona. Prezes nie skończył zdania, ponieważ Magda, a tak

naprawdę to Wanda, odwróciła głowę i teraz prezes wie z kim ma do czynienia. Paweł i ja podchodzimy do Jarockiego:"Dobry wieczór panie prezesie, czy mogę panu postawić drinka", mówię przyjaźnie jak do dobrego starego znajomego. Twarz Jarockiego najpierw zabolała jak u małego chłopca przyłapanego na zrobieniu dziury w jego spodniach, po czym jego oślizgły uśmieszek pojawia się na wąskich ustach. Rozumie, że wpadł w pułapkę. Stoję twarzą w twarz z prezesem, który nieco odchyla głowę do tyłu, patrząc mi w oczy wzrokiem szalbierza. Jest skonfundowany, ale tylko przez moment. Jest doświadczonym graczem i potrafi przyjąć porażkę z otwartą przyłbicą. Ze sztucznym grymasem na wargach prezes mówi:"W końcu trafił pan w cel, mecenasie. W porządku, wszystko rozumiem. Jaka jest pana cena za to zwycięstwo?" Paweł przeniósł się do baru i usiadł obok Wandy. Obydwoje przyglądają się z nieukrywanym zainteresowaniem miłej pogawędce pomiędzy mną a prezesem Jarockim. Odpowiadam krótko:"Prawda!"
"Sądzie pan mecenasie, że prawda siedzi we mnie?"
"Tak by było najlepiej.", dodaje Paweł. "Mamy wystarczająco dużo na pana i Magdę...", dopowiedział detektyw, ale mu szybko przerwałem:"Zostaw to, Paweł." Zadaję pytanie prezesowi:"Czy był pan szantażowany z powodu

romansu z Magdą?"

"Tak", krótko stwierdza prezes.

"Przez kogo?", dociekam dalej.

"Na tym polega cały problem. Nie wiem przez kogo. Sądziłem, że była to Lucyna Chmiel, ale teraz nie jestem tego tak pewien. Wie pan, mecenasie, miałem tego już dosyć i chciałem wynająć prywatnego detektywa", zakończył Jarocki ze smutną twarzą, jaka rzadko zjawia się na jego lisiej buzi. Magda i Paweł uważnie słuchają, o czym mówimy.

"Czy Lita von Hohenstein wiedziała o tym szantażu?", pytam dalej.

"Dzwoniłem do agencji detektywistycznej, jest bardzo możliwe, że Lita podsłuchała mnie."

"I to ją zmusiło do natychmiastowej akcji.", uzupełniam tok myśli prezesa i pytam dalej:

"Dobrze prezesie, ile pan zapłacił za ostatni akt szantażu i ile pan zapłacił w całości, w czasie trwania całego procederu?"

"6 tysięcy złotych", odpowiedział prezes pochmurno. Wanda zareagowała na tę cyfrę:"To znacznie mniej niż 201 tysięcy, prawda?"

"Wanda, ty i ja mamy kilka wezwań sądowych do przygotowania. Jest tylko jeden sposób w prowadzeniu obrony Lucyny w tej nowej sytuacji.", poinformowałem Wandę, patrząc jej w błękitne, powabne oczy.

Następnego dnia pojawiamy się w sądzie. Jesteśmy ponownie na sali rozpraw. Wypadło na

mnie przesłuchanie pierwszego świadka. Jest nim Marcin Wlazło. Księgowy Chmiel, w czasie odpytywania Marcina, stoi na zewnątrz sali i przez nieco uchylone drzwi przysłuchuje się mojej rozmowie ze świadkiem Wlazło. Pytam Marcina Wlazło:"Czy uważa pan, że praca Jakuba Chmiel była ważną dla firmy."
"Nie, panie mecenasie. Praca Jakuba nie była zbyt ważną.", pewnie odpowiada świadek.
"Tak pan sądzi?"
"Tak, Jakub był po prostu księgowym.", dodał Wlazło bez zmrużenia oka i jakichkolwiek rezerw. Jakub słyszy odpowiedź Marcina za uchylonych drzwi sali sądowej. Powoli zamyka drzwi, kiedy słyszy dalsze słowa Wlazło:"Jakub nie miał żadnej przyszłości, jeżeli chce pan poznać moją opinię.", kończy Wlazło jego nie zbyt różowe spojrzenie na Jakuba.
"Czy prokuratora ma jakieś obiekcje? Czy prokuratora ma coś do dodania?", pyta sędzia Raczka.
"Nie, wysoki sądzie, nie mamy.", odpowiedział zasępiony Raczek, który węszy coś bardzo nieprzyjemnego dla jego oskarżenia.
Paweł zauważył dziwne zachowanie księgowego i opuścił na moment salę rozpraw, po czym zasugerował Chmielowi:"Byłoby lepiej, gdyby pan wrócił na salę? Za chwile będzie pan wezwany do składania zeznań", miękkim głosem podał tę informację Chmielowi Paweł.

"Och, tak?", ze ściśniętym gardłem mruczy Chmiel. Zwinął się w ślimaka, który szuka swojego bezpiecznego skorupkowego domku. Próbując ucieczki, od zbliżającej się nawałnicy. Chmiel cichutko pyta Pawła:"Chciałem tylko łyczek wody, mogę?"
"Wie pan, panie Chmiel, nie chcemy, aby ktoś inny zajął nasze miejsca na sali, prawda?" Paweł mocno sugeruje księgowemu, że nie jest to czas na wodę, albo jakiś inny wykręt, w momencie, kiedy sprawy się decydują na sali rozpraw. "Chodźmy, do środka", Paweł używa jego silnego ramienia lewej ręki, kiedy wpycha Chmiela ponownie do sali. Księgowy jest zdziwiony dosyć brutalnym aktem przemocy ze strony detektywa, w jakimś sensie osoby mającej przestrzegać prawo, ale robi to, co Paweł chce i wślizguje się niezadowolony do środka. Paweł jest tuż za nim. Chce się upewnić, że przepiórka nie wyfrunie na szerokie strefy przestworza, gdzie zaginie na wieczność. Prokurator Raczek ze zdziwieniem obserwuje ponowne zjawienie się na sali księgowego, za którym podąża Paweł. Dalej pytam świadka Wlazło:"Proszę nam teraz powiedzieć, panie Wlazło, kiedy oskarżona pracowała dla Prudenszjalu, czy zauważył pan jakieś nieprawidłowości w księgach rachunkowych, albo jakieś inne zaniedbania związane z finansami firmy, które mógłby pan przypisać

Lucynie Chmiel?"
"Nie, panie mecenasie, niczego takiego nie zauważyłem.", pewnie odpowiada Wlazło.
"Czy jej mąż mógł popełnić tego rodzaju pomyłki, czy to celowo, czy też nie?'
Wlazło uśmiecha się spod nosa i dalej nie wierzy w żadne umiejętności Jakuba:"Jakub, nie, Jakub nie jest zbyt inteligentny, nie mógłby popełnić tego rodzaju błędów." Kiedy Jakub słyszy tę wypowiedź, nienawiść do Marcina przybiera wielkość lawy wulkanicznej z ogniem palącym wszystko na jej drodze. Sędzia nie lubi bardzo osobistej odpowiedzi świadka i koryguje go:"Chciałbym zwrócić światkowi uwagę, że osobiste wycieczki nie mają miejsca w sądzie.", surowym głosem mówi sędzia.
"Przepraszam wysoki sąd, ale miałem na myśli, że Lucyna Chmiel to najbardziej zaufana osoba, jaką spotkałem w życiu i to, że to ona to był mózg rodziny Chmiel.", z uśmiechem dodaje Wlazło, nie patrząc na sędziego i nie pamiętając o jego ostrzeżeniu. Wlazło dobrze się bawi, czuje się bardzo wygodnie w roli świadka. I dlaczego by nie, nie ma nic do ukrycia, może więc zaznać prawdę, tak jak on ją rozumie.
"Proszę skreślić to ostatnie spostrzeżenie.", mocnym głosem sędzia rozkazuje stenografowi, patrząc nieprzychylnie na Marcina.
"Wysoki sądzie, zakończyłem przesłuchanie świadka.", popatrzyłem w stronę sędziego,

odchodząc w kierunku biurka dla obrony.
"Pana świadek, panie prokuratorze.', mówi sędzia.
Raczek zrywa się z jego krzesła i szybko, z bardzo kwaśną miną odpowiada:"Prokuratura nie ma pytań."

Nie pozostaje mi nic innego jak tylko wezwać następnego świadka. Jest nim Ludwik Sadecki, kierownik w Prudenszjalu.
"Wysoki sądzie wzywam na świadka pana Ludwika Sadeckiego.", mówię głośno, aby każdy znajdujący się na sali osobnik, płci obydwojga, mnie usłyszał. Zaczynam przesłuchanie:
 "Panie Sadecki, jak długo zna pan oskarżoną?", pytam wprost Sadeckiego, który pewnym krokiem szybko zameldował się na miejscu dla świadków.
"Chciałbym, aby wszystko było jasne, bez niedomówień.", mocnym głosem powiedział Sadecki i kontynuował:"Lucyna Chmiel, w ciągu jej lat pracy w Prudentszjalu, nigdy nie wykorzystała jej stanowiska dla korzyści osobistych.
"Skoro tak, jak by pan wytłumaczy te 201 tysięcy znalezionych w domu państwa Chmiel?", pytam zaczepnie, aby wytrącić Sadeckiego z jego wygodnej pozycji i wymusić na nim szczere odpowiedzi. Sadecki jednakże

zachowuje zimną krew i odpowiada:"Nie potrafię tego wyjaśnić. Nic nie wiem na temat tych pieniędzy."

"Zgodnie z pana wiedzą osobistą, czy oskarżona była hazardzistką, grała na koniach, lub coś w tym stylu?", drążę dalej, próbując sięgnąć do dna tego głębokiego oceanu pieniędzy i morderstwa. Sadecki się uśmiecha i odpowiada:" Oczywiście, że nie".

"Skąd ta pewność, panie Sadecki?"

"Znam Lucynę Chmiel od wielu lat. Ona nie mogłaby zrobić czegoś takiego.", początkowo Sadecki podniósł głos, ale zakończył delikatnie i sympatycznie, przekonująco.

"Czy mąż oskarżonej miał jakieś dodatkowe źródło dochodu, o którym mógłby pan coś wiedzieć?" Twarz Chmiela przybiera obraz faceta cierpiącego na obstrukcję po tym niebezpiecznym dla niego pytaniu.

"Jakub, raczy pan żartować. Mogę pana zapewnić, że nie jest hazardzistą." Sadecki podobnie jak Marcin miał konkretną opinię o Jakubie, miał go za fajtłapę, bez wyobraźni, bez przyszłości. Uśmiech na ustach towarzyszył odpowiedzi kierownika.

"Co jeszcze mógłby pan nam powiedzieć o księgowym Chmielu?"

"Bardzo dużo, panie mecenasie. Chmiel jest intrygantem, samolubem, małostkową i wredną karykaturą człowieka." Sadecki jest zadowolony,

że udzielono mu pozwolenia na wyrażenie jego opinii o Jakubie Chmiel. Musiałem go nieco zgasić w jego gonitwie potępienia księgowego, nie chciałem, aby posunął się zbyt daleko, co mogłoby wzbudzić sympatię u sędziego. Mina Chmiela patrzy wrogo na twarz Sadeckiego.' Ty łajzo, ty małe nic, gdybyś ty tylko wiedział, ty robalu ziemisty, ty podła gnido'. Tak myślał Jakub, kiedy wlepił wzrok w oblicze Sadeckiego.
"Panie Sadecki, tylko pieniądze są w tej sprawie relatywne.", uspokajam siebie i Sadeckiego w tym samym czasie i pytam dalej.
"Czy przypuszcza pan, czy dopuszcza pan taką możliwość, że mąż oskarżonej mógł wejść z kimś w układ i ukraść te pieniądze?"
"Nie z naszej firmy. Chmiel jest bardzo ostrożny i poza tym, jest zbyt głupi, aby coś takiego zrobić. Przelicza każdą pineskę kilka razy, od główki do szpica i odwrotnie, aby tylko się upewnić, że wszystko gra. Moim zdaniem, Jakub ma najmniejszą wyobraźnię spośród wszystkich księgowych na świecie.", zakończył z całkowitym lekceważeniem zdolności Chmiela kierownik Sadecki, dumny ze swoich obserwacji.
Nastąpiło coś, czego nikt się nie spodziewał. Jakub Chmiel obrażany przez Marcina Wlazło i kierownika Sadeckiego wyrwał się z jego krzesło, niczym z procy, i głosem pioruna

zabrzmiał:
"To nie prawda!!!"
Buchalter jest bardzo, bardzo zaniepokojony. Czuje, że coś okrutnego może go dopaść, bez ostrzeżenia. Podchodzi chwiejącym się krokiem do miejsca dla świadków, tak jak by był odurzony dwoma setkami spirytusu. Oczy ma błędne, za siną powłoką niepewności.

W nowo powstałej sytuacji sędzia zwalnia Sadeckiego z dalszych zeznań, a ja wzywam księgowego na świadka. Jakub Chmiel podchodzi do miejsca dla świadków oburzony, zdesperowany, szukający rewanżu z osobnikami, którzy tak wulgarnie się o nim wypowiadali. To jest jego pięć minut, pięć minut sławy i uwielbienia w oczach jego najbardziej zagorzałych krytyków. Cały 'Prudensjal' będzie z niego dumny, kiedy ujawni jego sekret, sekret mistrza księgowości i ksiąg rachunkowych.
"Panie Chmiel, dlaczego pan krzyknął 'nie prawda' w czasie zeznań świadka Sadeckiego na jego komentarz dotyczący pańskiej osoby?", pytam rzeczowo Jakuba. Podekscytowany księgowy zaczyna jego zeznania, wiercąc się na krześle:"Panie mecenasie, to moja ciężka praca

spowodował to, że 'Prudenszjal' działał, jak należy. Tak, moja praca, przez długie lata, przez długie lata. Moja praca, mój wysiłek Jakuba Chmiel, nikogo innego."
"Panie Chmiel, ja pytam o pieniądze, skąd się wzięły te ogromne pieniądze. Mnie interesują pieniądze?" Stoję po lewej stronie buchaltera, który robi skręt w lewo, aby spojrzeć mi prosto w twarz. Prokurator Raczek podniósł się z jego miejsca i podejrzliwie się mi przygląda. Chmiel odpowiada:"To są moje pieniądze, co do grosika, tylko moje. Tydzień za tygodniem, miesiąc za miesiącem, rok za rokiem, dlaczego pan tego nie może zrozumieć?" Sadecki nie może się nadziwić odpowiedzi Jakuba. Nazwał go przed chwilą kompletną klapą życiową, a ten małostkowy buchalter przyznaje się do tak ogromnej sumy pieniędzy. "Jak to jest możliwe' pomyślał Sadecki, 'skąd te pieniądze, taki ćwok i dysponuje taką kasą'. Przez dłuższą chwilę Sadecki nie wychodzi ze zdumienia. Chmiel dalej się chwali jego osiągnięciem:"Te 201 tysięcy to są moje pieniądze, ukradłem je z firmy, z Prudenszjalu."
Prokurator Raczek, przerywanym głosem, jakby nabawił się nagle chrypki, udziela

wyjaśnienia sędziemu:"Wysoki sądzie, chciałem sprzeciwić się tej serii pytań mecenasa Jarosza, ale..." Przerywam prokuratorowi:"Zgadzam się z tym sprzeciwem, wysoki sądzie, wycofuje moje pytanie, ponieważ świadek kłamie po to, aby chronić jego żonę." Robię małe kółeczko przed sylwetką Chmiela. Jakub łapie się w pułapkę i natarczywie odpowiada:"To nie prawda, panie mecenasie, to byłem ja, który ukradł pieniądze z firmy. Dlaczego pan tego nie rozumie, pracowałem nad moim planem przez lata." Nie słucham Chmiela, tylko wolnym krokiem ruszam w stronę biurka dla obrony. Jestem odwrócony plecami do coraz głośniejszego księgowego. Chmiel kontynuuje:"Byłam tak sprytny w księgowaniu, że nikt nawet się nie mógł domyślić, co robię, czy znaleźć jakieś nieprawidłowości, nawet wszystkie przecinki się zgadzały" Jakub Chmiel jest z siebie bardzo dumny. Te wszystkie osobniki, które były ponad nim, nie sięgały mu nawet do pięt. Przerastał ich o dwie głowy, niczym żyrafa, która góruje nad innymi zwierzątkami płaszczącymi się pod jej długą szyją. Wanda przygląda mi się uważnie, wie, że jestem w grze, prezentuję mój kolejny

sposób na wydobycie prawdy na światło dzienne. Wnętrze człowieka nie jest aż tak bogate, jak niektórzy sądzą. Może być bardzo mroczne, ale wcześniej czy później zawita do nich światło prawdy, a zaraz za tym, ulga. Odwrócony plecami do Chmiela głośno pytam:"Nawet zmarły prezes Rogalski niczego się nie domyślał?"
"Że co, nie rozumiem?", pyta zdziwiony Chmiel.
"Pana poprzedni pracodawca, który gwałtownie zmarł na wylew krwi do mózgu pewnej spokojnej nocy." Odwróciłem się i patrzę księgowemu w twarz. Wyjaśniam dalej:"Panie Chmiel, jesteśmy tutaj, aby wyjaśnić sprawę morderstwa.
"Ale śmierć pana Rogalskiego..."
"Nie śmierć prezesa Rogalskiego jest tematem tej rozprawy, ale śmierć Lity von Hohenstein, panie Chmiel."
"Jeżeli chodzi o Litę, to mogę panu wiele o niej powiedzieć. Była szantażystką. Wszystkie informacje uzyskała, no...ja jej dawałem. Nigdy się wcześniej do tego nie przyznałem..."
"Dlaczego!!!. Chciał pan za wszelką cenę zamieszać w korupcję żonę?" pytam ostro.
"Nie. Byłem zdezorientowany. Martwiłem

się o pieniądze. Przyznaje się do wszystkiego innego, co jest mi wiadome, to znaczy, do wizyty w domu Lity, do tego, że ją uderzyłem popielniczką, ale policja twierdzi, że Lita wtedy już nie żyła.", głośno odpowiedział Chmiel.

"Poprzez udzielenie tego łatwego i otwartego zeznania, chce pan odsunąć od siebie podejrzenia o popełnienie morderstwa, czy tak, panie Chmiel?", pytam spokojnie, co powoduje natężenie nerwów u Jakuba.

"Nikt nie może zabić tej samej osoby dwa razy?", sprytnie, jak się wydaje Jakubowi, odpowiada księgowy.

"Człowiek tak metodyczny, jak pan, panie Chmiel, mógł to zrobić, jeżeli znalazłby się w pułapce." Moje zimne spojrzenie ląduje na twarzy Jakuba.

"W pułapce?", skrzywione oblicze Chmiela patrzy w pustą przestrzeń, oczy szukają pyłku na podłodze sali sądowej. Wydaje się, że Chmiel jest ponownie zdezorientowany. Ból nadchodzi cichymi kroczkami w babcinych bamboszach, zaczyna od pasa, później klatka piersiowa i na końcu, gardło, które się powoli zaciska, pocałunkiem kobry.

"Załóżmy, że pan poszedł do domu Lity i

zaczął z nią intensywną kłótnię. Być może Lita wyśmiała pana i zażądała od pana natychmiastowego opuszczenia jej domu. W tym momencie zauważył pan rewolwer, co spowodowała natychmiastową, instynktowną reakcję. Chwilę później Lita leżała martwa u pana stóp." Przechadzam się wzdłuż sali rozpraw przed oczami sędziego, Lucyny i przede wszystkim Jakuba Chmiel. Sala płynie ciszą, nie słychać nawet oddechów. W oczach Lucyny zjawia się nadzieja na pomyślne zakończenie tej strasznej dla niej przygody. Jakub wie, że jego dom jest w płomieniach. Pożoga ogarnia jego sumienie. Jest zdruzgotany, duchowo już martwy, fizycznie niemalże. Kontynuuję moją teorię:"Kiedy pan zaczął wycofywać się z domu, zauważył pan ciężarówkę parkującą przed domem. Ciężarówka się zepsuła i stała w miejscu, i stała w miejscu i stała..."
"Nie, niech pan poczeka. Widziano mnie w barze piętnaście minut po północy. Policja potwierdziła ten fakt." Taka była szybka riposta Jakuba, który ciągle ma nadzieję na ucieczkę, wyrwanie się tej pułapki przeze mnie zastawionej.
"Z domu Lity do tego baru to tylko 10. minutowy spacer, i to jest pana alibi?

Oczywiście nie mógł pan zostawić samochodu na długi czas przed domem Lity. Kiedy pan wrócił z baru, ciężarówka ciągle stała w tym samym miejscu. Wtedy właśnie wykreował pana drugie desperackie alibi. Pozwolił pan, aby pana samochód był zauważony w momencie opuszczania domu Lity." Zakończyłem moje oskarżenie, a moje słowa przebrały miarkę odporności Jakuba. Chmiel zaczął mówić otwarcie o jego bólu z powodu zdrady Lity. "Okłamała mnie.", powiedział cicho księgowy. "I dlatego pan ją zabił, ponieważ pana okłamała?"

Jakub jest starzejącym się grzybem, który traci kapelusz, warstwa po warstwie. Nie ma już osłony dla jego czynów. Chmiel wybucha agresywnie i jednocześnie żałośnie:"Lita nie jest ważna." Jest to chwila na moment sławy dla opuszczonego przez wszystkich, niepoważanego przez nikogo, ale genialnego w jego oczach, buchaltera Jakuba Chmiel. Jakub wstaje z krzesła dla świadków, opuszcza mównicę i wchodzi na scenę sali rozpraw. Zbliża się jego najważniejsza rola, jaką zagrał w jego marnym życiu. Chce to wykorzystać do ostatniego momentu. Czuje się jak Aleksander Wielki na olbrzymim, białym koniu, walczącym z gigantycznym słoniem. Jakub zaczyna zeznawać:"Czy zdaje pan sobie sprawę, panie mecenasie, jak długo trwały moje przygotowania do przeprowadzenia mojego genialnego szwindla? Och, tak, trwało to przez dłuższą chwilę. Może pan powiedzieć, że nie zbudowano Rzymu w jeden dzień. Piramidy też nie powstały w ciągu jednego tygodnia." Chmiel zbliża się do prokuratora Raczka i kontynuuje płaczliwym głosem:"Chcę, abyście zrozumieli, jak to jest skomplikowane. Przejęcie 201 tysięcy złotych w sposób nie do wykrycia dla nikogo." Detektyw Abramowicz, siedzący obok prokuratora, wstał z miejsca, podejrzewając, że Chmiel może, w odruchu rozpaczy, rzucić się na Raczka i chwycić go za gardło. Jego drapieżny odruch powinien być skierowany raczej w moją stronę, ale tak się nie stało. Chmiel mówi dalej coraz bardziej rozpaczliwym tonem:"To była wspaniałe przedsięwzięcie, i ja to zrobiłem. Ja, Jakub Chmiel, ja to zrobiłem. To było genialny projekt, oskubanie firmy z 201 tysięcy złotych, bez możliwości wyłapania tego przez auditorów. Dlaczego mnie nie słuchacie, dlaczego nie możecie tego zrozumieć?" Chmiel wpada w taniec szaleństwa. Ta sala rozpraw jest dla niego piekłem. Raczek także podniósł się z krzesła, a sala wpadła w dającą się wyczuć panikę. W tym momencie Chmiel stoi pomiędzy biurkami dla obrony i oskarżenia, przyłożył jego lewą rękę do serca, będąc dumnym z jego osiągnięcia na skalę nagrody Nobla, jak mniemał. Chmiel nie mógł się powstrzymać od dalszych uwag dotyczących jego relacji z Litą.

"Byłem wielkim fanem Lity. Wypatroszyłbym dla niej moje bebechy, wyskoczyłbym dla niej ze skóry. Wciągnęła mnie w dziurę, z której nie byłem w stanie się wydostać. Żyłem moją fantazją, moją nielimitowaną nadzieją o naszym wspólnym życiu. Bez niej jestem nikim. Lita byłaby dobrą kobietą, gdyby ktoś strzelał do niej przez każdą minutę jej życia. Jestem najłagodniejszym stworzeniem, jakie wydała matka natura, pomimo tego zabiłem ją z rozkoszą. To nie jest morderstwo zabić bestię jak ona. Zejdę z nią do piekła, tam jest dla nas miejsce. Tajne żale są okrutniejsze niż publiczne nieszczęścia, dlatego mówię to co mówię." To było wszystko, co Jakub mógł z siebie wydobyć, a były to najciemniejsze zakątki jego sumienia. Sala zamarła. Mucha przeleciała przez salę, ale nikt jej nie zauważył, nikt nie zwrócił na nią uwagi. Sędzia milczał przez dłuższą chwilę, po czym zarządził aresztowanie księgowego Chmiel za popełnienie morderstwa.

Dzień dobieg końca. Nadszedł czas naszej uroczystości z powodu wygrania sprawy. Udaliśmy się do jednej z naszych ulubionych restauracji w hotelu 'Savoy' przy Nowym Świecie 58.

Przy stole zasiedli Lucyna, kierownik Sadecki, Wanda, Paweł i ja. Czekaliśmy na nasze dania, popijając drinki. Konwersację rozpoczęła szczęśliwa Lucyna, która uniknęła więzienia za nie popełnioną zbrodnię.

"Byłam bardzo zdziwiona, kiedy Ludwik zjawił się na miejscu dla świadków i powiedział tak wiele złych rzeczy o Jakubie."

"Jest mi bardzo przykro, że nie mogłem cię o tym uprzedzić, Lucyna", odpowiedziałem niedawnej oskarżonej. "Ale musiałem przygotować pana Sadeckiego do zagrania jego roli. I na nasze szczęście, wszystko zagrało, zgodnie z planem", dokończyłem moje zeznanie wobec zaskoczonej Lucyny.

"Doprowadziło to prawie do uznania go za świadka niewiarygodnego, a pan Sadecki chciał tylko pomóc.", dopowiedziała Wanda pojednawczym głosem anioła.

"Nie było innego wyjścia.", przyznaję Wandzie rację, jednocześnie broniąc mojej taktyki, która okazała się zwycięska.

"Nie było innego wyjaśnienia do tego, co się wydarzyło i poszlaki rzucały niekorzystne światło na Lucynę, ale także na Jakuba.", dokończyłem moje niejako usprawiedliwienie.

Do rozmowy włącza się Paweł:"Jakub przyznał się, że zmarły prezes Rogalski niemalże przyłapał go na jego oszustwie, co, oczywiście, spowodowało wylew krwi do mózgu i śmierć prezesa.

"Wiem o tym.", przyznała Lucyna.

"Nie możesz wiecznie przeklinać twoje błędy,

Lucyna", zareagowałem przytulnie na smutną twarz Lucyny.
"Tak to prawda. Po prostu jest mi przykro z powodu Jakuba, to tyle. Tajne smutki są okrutniejsze niż publiczne nieszczęścia. Boże, on ma dobra krew. Pochodzi z dobrej rodziny. Dlaczego zabił tę kobietę? Zabił ją jego miłością, po czym ubrał się w niewinność, jakby to był jego stary sweter. W jego oczach Lita należała do niego. Sama chciałam popełnić to morderstwo, ale poczucie wrodzonej dobroci mnie powstrzymało. W oczach Jakuba Lita należała do niego. Uśmiech opadł z jej twarzy. W całym jego życiu to morderstwo to było najbardziej znaczące wydarzenie w jego życiu.", zakończyła Lucyna z głębią w oczach.
"Nie powinno być ci przykro, Lucyna. Jakub jest w bezpiecznym miejscu i wygodnym dla niego miejscu. Może tam robić, co tylko sobie zażyczy, tak długo, jak tylko chce.", dodał Paweł, uspokajając Lucynę.
"Jakie to jest miejsce?", pyta Sadecki. Próbuję zakończyć naszą wymianę skromnym dowcipem:"Na przykład, może napisać książkę o przekręcie stulecia?". Skrzywiony uśmiech zjawił się na moich ustach. Wszyscy popatrzyli na mnie nieco rozluźnieni. Zjawia się kelner z naszymi daniami dowiezionymi na wózku. Jest na co popatrzeć, jest móżdżek smażony, nóżki cielęce, wątróbka gęsia, cynaderki z rusztu,

befsztyk wiejski i stek cielęcy. Towarzyszyły nam znakomite wódki Haberbusch i Schiele oraz likiery holenderskiej firmy Hulstkampa. Czas nam upłynął spokojnie i radośnie.

Koniec.

www.ingramcontent.com/pod-product-compliance
Lightning Source LLC
LaVergne TN
LVHW051952060526
838201LV00059B/3607